LOCUS

LOCUS

Smile, please

Smile 211

培養愛提問的孩子：從家長開始的閱讀課

作者｜南美英（남미영）　譯者｜施沛
責任編輯｜方竹　美術編輯｜簡廷昇、方竹

出版者｜大塊文化出版股份有限公司

105022 台北市松山區南京東路四段 25 號 11 樓
電子信箱｜ locus@locuspublishing.com
服務專線｜ 0800-006-689
電話｜ 02-8712-3898 傳真｜ 02-8712-3897
郵撥帳號｜ 18955675　戶名｜大塊文化出版股份有限公司

印務統籌｜大製造股份有限公司

總經銷｜大和書報圖書股份有限公司
地址｜新北市新莊區五工五路 2 號
電話｜ 02-8990-2588　傳真｜ 02-2290-1658

初版一刷｜ 2025 年 3 月
初版二刷｜ 2025 年 3 月
ISBN ｜ 978-626-7594-63-6　定價｜ 380 元
法律顧問｜董安丹律師、顧慕堯律師

질문하는 아이로 키우는 엄마표 독서수업
(MOM'S READING LESSONS)

질문하는 아이로 키우는
엄마표 독서수업

培養愛提問的孩子

從家長開始的閱讀課

南美英 남미영｜著
施沛｜譯

前言

家長的提問
將為孩子的思考力裝上翅膀

孩子們要面對的世界與家長不同

「孩子未來將生活在我不曾經歷的，難以想像的世界，究竟該成為什麼樣的家長對孩子比較好呢？」

出生於第三次工業革命尾聲，如今又踏入第四次工業革命初期的家長們，對此感到恐懼。因為人工智慧（ＡＩ）的出現雖然讓生活更便利，卻也讓人們的出路愈來愈窄。有數據顯示，現存的職業有百分之六十會在十五年內消失，並出現未知的新工作。

而貧富差距也會擴大，全球前百分之十的富豪，將掌握剩下百分之九十人口的飯碗。

為了因應這樣的變化，並保障人民未來的幸福，世界各國都在改變教育政策的方向。新的教育政策瞄準的是，面對變化無常的未來時所需的「創意」及「問題解決能力」，而能夠培養這些能力的便是「提問教育」。

提問是機器所不具備的，人類獨有的能力。機器雖在「記憶」與「計算上」勝過人類，卻不會問問題。即便是性能良好、擁有尖端技術的機器人，也無法像充滿創意的孩童一般，想出具獨創性、打破常規、出人意料的問題。機器只答得出人類輸入給它的答案。正因如此，未來的人才需求也發生了變化。擁有具提問能力的頭腦，並能針對問題找到答案的人，才是引領未來趨勢的人才。

知識也跟食品一樣存在有效期限。過時的知識會被判定為錯誤資訊，而且知識的總量每十四個月就會翻倍，因此我們現在所具備的知識根本只是九牛一毛。再者，如果學習的目的是為了背下既有的標準答案，那AI早在很久之前就已經超越人類了。

世界經濟論壇（WEF）指出，在二〇三〇年之前，搭載新技術的AI機器人將代替人類執行百分之九十的純勞力工作及純行政工作。

如今，死記硬背純知識的讀書法已經不具意義。只教導純知識的教育，無異於教孩子們在關公面前耍大刀。時至今日，仍在補習班裡機械式地背誦課文的青少年們，將在十五年後踏入職場，到時機器已經比人類更會讀書了。

在這樣的變革下，政府也大幅刪減了學校課程中須背誦的課本知識，轉而採用提問導向的課綱。新型態的課綱將提問的主體從教師改為學生，課本中的學習活動也都是訓練學生構思各式問題的問項。以「要問什麼」、「該怎麼問」為出發設計問題、對旁邊的同學提問並傾聽對方的答案、比較彼此設計的問題、思考問題設計相異的原因、思考什麼樣的問題對我們的人生更有幫助等等。這類引導學生提問的教科書，主導了各科目的課程。

這類教科書所要培養的，並非「知識倉庫型」人才，而是面臨問題時，擁有問題解決能力的「創意整合型」人才。以股票市場來比喻，若提問和知識兩支股票上市，提問的股價會上漲，知識的股價則會下跌。

不閱讀的人無法踏入提問的世界

「想在短時間內打造好身材，就去健身房；想在短時間內打造好頭腦，就來圖書館。」

這是我在芬蘭一個小村莊的圖書館看見的標語。這裡提倡「閱讀是鍛鍊大腦的最佳運動。」過去人們會透過勞動維持身體健康，現代人則透過慢跑或健身來鍛鍊身體。然而用以鍛鍊頭腦的閱讀運動，並不像慢跑或健身那麼受關注。

二十一世紀邁入資訊時代，同時也是創意整合的時代。這就意味著，現在比過去任何時候都需要動腦。想成功地在這樣的時代下生存，不僅需要能鍛鍊身體的運動，也需要能鍛鍊頭腦的運動。唯有透過「閱讀—思考——提問——討論」的過程來鍛鍊思想的肌肉，才能成為這個時代的主角。

但不閱讀，就無法踏入提問的世界。在升學考試中失利的人，會思考「功課好的人究竟有什麼讀書竅門？」生意失敗後在貧困中掙扎的人，會思考「我為什麼會失敗？怎麼樣才能成功？」情場失意的人，會思考「能夠好好戀愛的祕訣是什麼？」可是當這些問題浮現在腦海時，我們的人生可能已經千瘡百孔了。

閱讀能讓你以較低的成本找到這些問題的答案。通過書本得到的解答，就像從他人的失敗及成功中汲取的間接經驗。透過他人的人生獲得問題的答案，並不會讓我的人生陷入一團混亂，也不會對我造成經濟上的損失。間接藉由他人的經驗為自己的人生打預防針，和親身經歷失敗學到的教訓同樣有效，而且相對舒適無害。

想喚醒提問力，得先找到正確的閱讀法

我們判斷一個人聰不聰明，不是以他擁有的知識量為標準，而是看他的「思考方式」能否讓他在面臨特定狀況時，做出適當的評估及正確的判斷。換句話說，判斷聰明與否的標準是智慧，而非知識。

無論過去還是現在，成功者無一例外都有個特質——擁有與眾不同的「另類思考」。成功與否的關鍵，就在這個「另類思考」上。成功的人擁有獨立思考的能力，且所思所想屬於未來導向。反之，未能成功的人無法獨立思考，只會盲從他人，被困在過去導向的思維中。那麼聰明、成功的人所擁有的「另類思考」及「彈性思考」，又是從何而來的呢？

閱讀並非單純把字讀進去就好。閱讀是在閱讀文章後，重新建構文本意義的腦部運動。在我們的眼睛看見文字的瞬間，大腦將經歷以下過程：判讀文字——識別詞彙——活用先備知識——解析詞彙——理解並解析句子——理解並解析段落——比較與

批判——想像與推理——判斷——創意思考——解決問題。

當然，這一系列過程可能走完全程，也可能中途卡關，這會依據個人的閱讀能力而有所差異。另外，各部分的思考速度也受個人興趣及背景知識的有無或多寡影響，有快有慢。但真正的閱讀必定都會經歷上述的思考流程。

提問是思考活動的一環。然而呆滯而不去思考的腦袋，不會生出疑問。另外，若看書時只是被動地閱讀，一昧地接收作者所寫的內容，腦中同樣也不會浮現疑問。只有在你主動積極地閱讀作者所寫的內容，歷經閱讀、思考、批判、判斷等過程時，才會觸發提問。

而提問也分成多種類型。有考驗記憶力及理解能力的單純型提問，也有考驗思考、判斷及問題解決能力的複合式提問。舉例來說，「沈清為什麼要宴請盲人？」是關於記憶力的問題；「聽從僧侶說法的沈清，有什麼樣的性格特質？」是關於判斷力的問題；「有沒有辦法能讓沈清不必赴死也能治好爸爸的眼睛呢？」是關於問題解決方法的問題。浮現各式各樣的問題，並積極尋找解答，會讓我們的大腦進入思考模式及創造模式，在這樣的鍛鍊下，逐漸發展為能夠適應任何狀況的靈活頭腦。

提問教育，從家庭做起

進入二十一世紀後，優秀人才須具備的特質不同於以往，也因此出現了學校課程無法涵蓋的死角。首當其衝的便是閱讀教育。即便大班制填鴨式教育在國文、英文、數學等科目上可行，但用在閱讀教育上卻行不通。因為閱讀教育並非知識教育，而是培養思考力的教育，所以需要小班制面對面教學。

因此教育大國接連高喊「閱讀教育從家庭做起」的口號，響應一九九二年源於英國的閱讀起步走（Bookstart）運動，實踐由家長和孩子一起看書、討論、提問的閱讀教育。然而反觀韓國目前的狀況，其實並不樂觀。

「每日平均閱讀時間為六分鐘，平均電視觀看時間為一小時五十三分鐘。韓國民眾每三人就有一人，一整年間連一本書都沒看過。」

這是二〇二〇年初政府發布的韓國人民閱讀現況調查結果。不看書的家長怎麼能擔起閱讀教育的責任呢？慶幸的是，全國還有三十萬左右的家長會參與「讀書會」或「閱讀社團」，在聚會中看書、討論，並負責孩子的閱讀教育。他們透過閱讀及討論，培養自身的涵養及思考能力，進一步將其拓展到孩子的閱讀教育上。

想讓孩子擁有未來導向型頭腦，得先成為提問型家長

要想打造適合生活的社會、適合生活的國家，需要家長們的力量。社會學者在談論芬蘭及挪威的美好社會時，絕不會忘記提到該國家長的子女教育方式。但同樣的，當社會走向一片混亂時，家長也有責任。因為將國家與社會變得如此的，正是家長們教出的孩子。

在漫長的五十年間，韓國家長在「教育熱*」與「課外教育費用支出」方面不曾讓出世界第一的寶座。他們成了「直升機家長」、「割草機家長」，將「為孩子剷除前方一切障礙」視為自身的驕傲。而無法加入這個行列的家長則成了罪人，深陷自責的漩渦。但現在該停下這一切了！想培養孩子擁有第四次工業革命時代所需的未來導向型頭腦，就必須脫離「直升機家長」和「割草機家長」的隊伍，成為「提問型家長」。

本書作為教育工具書，獻給有意成為「提問型家長」的人，尤其是目標成為提問專家，並將孩子培養成提問天才的家長。因此，書中不僅涵蓋了成為提問專家所需的最新理論，也提供了各式各樣具體又便於實踐的指導方法。我帶著期盼的心——希望看見更多家長成為提問專家，更多孩子成為提問天才——將此書獻給大家。

寫於春意萌芽的水枝寫作室

南美英

*譯註：家長對子女教育的狂熱。

目錄

2 用十二種閱讀法培養愛提問的孩子

3 閱讀十二種書籍適用的提問方法與時機

4 家長的九種提問風格決定孩子的人生風格

5 每日十五分鐘和孩子一起玩問答遊戲

1

為何要在十二歲前
養成提問力

開口提問，只傻五分鐘；
但不提問，要笨一輩子。
當個會問問題的人吧。
如此，便能在未來的人生，帶著答案前行。

01

提問是喚醒沉睡大腦的電話

一位年輕家長牽著年約七歲的孩子走進首爾車站。孩子看著睡在地上的無家者詢問：

「那個叔叔為什麼睡在這裡？」

家長聽完孩子的問題，皺起眉頭粗魯地拉走孩子說：

「吵死了！你如果不好好讀書，以後就會變成這樣！」

那位家長的話，地上的無家者聽到了，我也聽到了。無家者露出的神情顯得悲傷而苦澀。而身為目擊者的我腦中閃過一句「真是位可憐的家長」。

這位家長犯了什麼樣的錯呢？是缺乏同理心，不懂得同情無家者？是不懂禮貌，對弱者施加言語暴力？還是誤導孩子，將無家者與「不好好讀書」畫上等號？其實他犯下的是更嚴重的錯誤——不認真回答孩子的問題。好奇心向孩子珍貴的小腦袋撥來了名為提問的電話，然而這位家長非但不替孩子接起，甚至隨意掛斷。

孩子長大成人後回想起那天的情景，腦中會浮現什麼想法呢？「我的爸爸／媽媽沒有同情心、講話很失禮又沒教養，而且我只要問問題就會被嫌煩。不僅如此，還會用一些敷衍的回覆搪塞，要我閉上嘴，有時是謊話，有時是威脅。所以我才成了一個不愛發問的孩子。」他會不會這樣想呢？

那位家長有沒有意識到自己犯了錯呢？是否意識到自己應該認真回答孩子的問題？意識到乍現的靈光往孩子腦中撥打的電話，就這樣被自己隨意掛斷，該是多致命的錯誤。

提問會刺激神經系統，喚醒沉睡的腦細胞

我們的大腦若以重量計算，僅占整體體重的百分之二左右，但它所需的氧氣量卻占我們全身耗氧量的百分之二十。往大腦的供氧只要中斷十五秒，我們就會失去意識，腦細胞也會受損。

要讓大腦保持健康需要氧氣，而要讓健康的大腦變聰明則需要對它提問。縱使供氧充足、大腦健康，但若沒接收到問題，腦袋就會變得呆滯、遲鈍。腦細胞的生存須依靠氧氣，但它的活躍則需要提問刺激。

提問的觸發源於外部。就像我在首爾車站看到的那個孩子，他可能在看見無家者時馬上浮現疑問，也可能因為他人所問的問題引發思考。而浮現「為什麼？」、「怎麼會？」這類問題時，腦中的思考發電廠便會啟動。提問是撥往大腦的電話，也是開啟思想倉庫並讓停滯的腦袋開始運轉的發動鈕。

大腦接收到提問時，會促使腦細胞運轉，展開尋找答案的思考活動。接收到「你吃

飯了嗎？」這類單純的問題時，腦中的思考發電廠只會短暫運作；但「那個人為什麼會成為無家者呢？」這樣複雜的問題，則會拉長思考發電廠的運轉時間。

提問是大腦下達的啟動信號。此時，提問者的腦袋會先啟動，而被問者的大腦則會在接收之後開始運轉。在思考「為什麼？」、「所以呢？」、「若不是這樣的話？」、「如果是這樣的話？」等一系列問題的過程中，由疑問串起的線與結將一一被解開。

反之，沒有機會接收到提問的大腦、不會發問的大腦，將進入「休眠模式」或者「睡眠模式」。大腦沉睡過久，思考發電廠便會生鏽，這時只要看書或者思考，就會感到頭痛。如果思考讓人感到頭痛，便會與痛苦畫上等號，若持續處於這樣的狀況，大腦功能將會退化。

針對大腦與提問的關聯性，美國「正確提問研究所（Right Question Institute）」的共同負責人丹．羅斯坦（Dan Rothstein）博士表示：

「提問能夠喚醒人類的大腦。人們能夠透過提出或者接收問題，獲得突然發現並理解某件事情的經驗。提問帶給我們的，正是這種靈光一閃、豁然開朗的體驗。」

正因如此，提問扮演了刺激神經系統、喚醒沉睡腦細胞的重要角色。

提問源自好奇心、批判力及推理能力

會頻繁提問的大腦，是什麼樣的大腦？跟不會發問的人有何不同？「正確提問研究所」報告書中的定義是，「提問源自於思考『為什麼？』的好奇心、思考『果真如此嗎？』的批判力，以及思考『所以呢？』、『如果是這樣的話？』的推理探索欲。」

若我們沒有這樣的好奇心、批判力，以及推理探索欲，大腦就無法產生提問，也不會展開探索答案的思考活動。靜止不活動的大腦將安於現狀，面臨狀況時只會隨波逐流，因此會盲從於權威，或者盲目地跟隨流行，成了所謂的「奴隸腦」。這樣的大腦也被稱作「老化腦」。無論實際年齡是老是少，當你的大腦不再發問，就會邁向老化。相反地，頻繁提問的大腦無論實際年齡大小，都將維持年輕又活躍的狀態。

02

提問是創造力寄來的邀請函

歷史上所有推動世界發展的人，都是「提問型」人類。

「為什麼天空是藍色？為什麼水滾了之後煮水壺會叫？」

小愛迪生的老師在他的連環發問攻勢下，將他的媽媽請來學校，並對她說：

「這個孩子會影響其他學生上課，不能讓他跟其他同學待在同一個教室上課，請把他帶回去吧。」

林肯每次目睹黑奴的悲慘處境，都會問自己：

「白人真的有權虐待黑人嗎？」

他得到的答案是「沒有」，而他之後也成了黑奴解放運動的先驅。

「有辦法單憑一艘軍船戰勝數十艘軍船嗎？」李舜臣將軍腦中浮現的這個問題催生了「鶴翼陣戰術」。「我們的語言跟中國不同，不應該使用一樣的文字。難道就沒有適合我們語言的文字嗎？」世宗大王腦中浮現的問題，造就了「韓文」的誕生。

問出「為什麼人不能像鳥一樣自由飛翔？」的萊特兄弟創造了飛機；思考「蘋果為什麼會往下掉？」的牛頓發現了萬有引力；而好奇「如果船一直向西航行會到哪裡？」的哥倫布則發現了新大陸。

現代社會中，以創新與創意享譽全球的偉大天才們，都有個共通點，就是非常會問問題。谷歌執行長艾立克・施密特（Eric Schmidt）對谷歌身為「因提問而壯大的企業」感到自豪，鼓勵員工之間提問交流。開發了谷歌無人駕駛技術的塞巴斯蒂安・特龍（Sebastian Thrun）表示，「在家鄉德國時，發問總讓人感到不自在。但來到美國矽谷後，我發現這個工作環境能夠接受他人不斷提問，我也因此能在這裡做出一番成就。」

蘋果創辦人史蒂夫·賈伯斯也是個提問天才。他生前曾說過：「我知道的不比別人多，智商也不比他人高。我只不過是比別人問了更多的問題。」

不好奇，就不會發問

當我們感受到知識或需求的匱乏，便會激發好奇心，進而產生提問。因為好奇心會激發求知慾，求知慾則會轉化為提問的動力。一九五〇年代，美國有位名為貝蒂·奈史密斯·格萊姆（Bette Nesmith Graham）的女性，她白天在銀行當打字員，晚上則作畫追求畫家夢。然而，她並非一位出色的打字員，在銀行工作時，常常因為打錯字而被上司責備。某天晚上，正在畫畫的貝蒂腦中浮現了一個想法。

「打字時能不能也像畫油畫一樣，用顏料反覆覆蓋呢？」

當晚，她用白色顏料調配出特製溶液，並在隔天帶去公司，塗在打錯的字上。白色的溶液不僅覆蓋了錯字，甚至會變硬，能在上面重新打字。她將這個特製修正液分給其他打字員同事使用，並在廣受好評後，將其供應給全國的打字員。最終她做出了一番事業，賺進大筆財富。就像這樣，這些浮現在人們腦海中的問題，為世界帶來了無數發明與發現。

提問天才比比皆是

在國小可以聽到學生們提出各種異想天開的問題。

「為什麼北極熊站在冰上腳都不會凍傷呢？」

「為什麼男生和女生的出生人數都差不多呢？」

「小狗跟花也會做夢嗎？」

「為什麼星星不會從天上掉下來呢？」

像這樣的提問天才比比皆是，但他們並非全都會成為真正的天才。我們每個人在兒時都會收到創造力寄來的邀請函。而我們的命運，則取決於我們收到邀請函後採取了什麼樣的行動。只有不無視這封邀請函並且一一破解其中暗號的人，才能成為真正的天才。

根據哈佛大學兒童心理學系教授保羅．哈里斯（Paul Harris）的研究，一個孩子在二到五歲之間，大約會問四萬個問題。兩歲時，會問物體名稱這類單純且建立在客觀事實上的問題；三歲後，會開始詢問需要說明並解釋原因的推論型問題。孩子的大腦就是在這樣的變化過程中急速發育。

到四歲時，孩子們進入了最適合提問的狀態。他們已經習得問問題所需的語言能力與技巧，且大腦的發育及連結十分活躍，每日平均會想到三百九十個問題。但此時開始，問問題時被認真回應的孩子與被無視的孩子，大腦的發育會逐漸產生差異。獲得他人認真回應的孩子，大腦神經細胞會進行創造性思考，邁向適合提問的最佳狀態。

然而，世界各國、各文化圈的研究都顯示，孩子們進到幼稚園後，問的問題大幅減少了。尤其在幼稚園裡被灌輸大量知識或被要求認字、寫字的孩子，問的問題又更少了。

原因是什麼呢？對此，保羅．哈里斯表示：

「大多數的大人擔心答不出孩子的問題會讓自己顯得無知，因而感到不安。慶幸的是，當孩子詢問物體名稱之類的問題時，他們還是會稱讚孩子好奇心旺盛。但當他們聽到『為什麼？』、『怎麼會？』、『所以呢？』這類需要說明和解釋原因的問題時，又會生氣地拿『安靜點，乖乖吃你的飯』來堵住孩子的嘴。可以說正是大人們敷衍的回答，讓孩子們在五歲後漸漸不再提問。」

下圖是「正確問題研究所」基於二〇一五年美國國家教育報告卡（Nation Report Card）資料製作的學生提問現況調查表。

閱讀與寫作技巧隨著年級上升而提高，但提問技巧卻呈現斷崖式下降。發問數量驟減並非因為知道的變多，而是因為對世界不再感到好奇、不再覺得有趣。

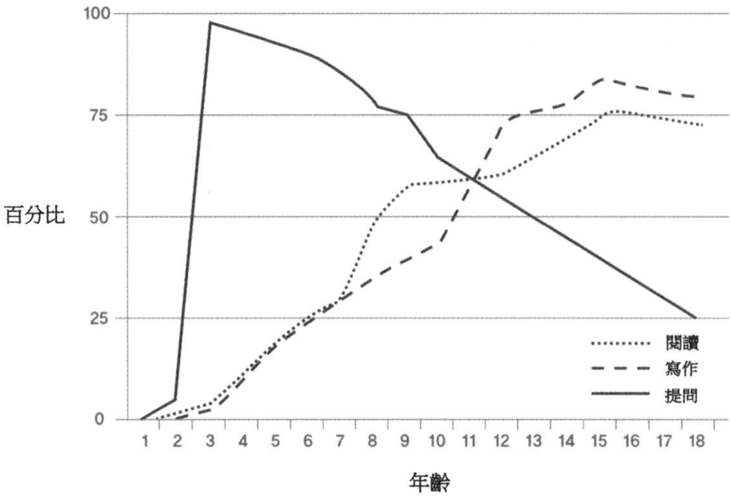

二〇一五年美國各年齡別學生提問現況調查表

在成長過程中，各式各樣因素都會影響孩子的提問力及好奇心。舉例來說，出生後急速增長的腦神經細胞，約莫會在我們五歲時開始逐漸減少。因為自那時起，我們腦中有個名叫突觸修剪（synaptic pruning）的自動系統，會將我們不再使用的腦神經迴路判定為不需要的東西，一一清除，就像我們平時會扔掉自己用不到的東西那樣。自此開始，孩子們就只會詢問自己相對感興趣的事情了。而此時家長會覺得原來「我們家的孩子喜歡〇〇〇〇啊」，並對於自己發現孩子的天賦感到高興。但那與其說是天賦，不如說是被大人刪刪減減後僅存的一條路。

愛提問的家長，造就有創造力的人才

韓國自古就有「大家庭出生的孩子腦袋更聰明」的說法。這番話不無道理。因為在家庭成員多的環境下，聽到的對話自然更多，那麼接觸的提問相對也會比較多。猶太人有句俗語：「天才的養成源自囉嗦的家長。」那是因為話多的家長基本上都比寡言的家長更常問問題。

有些家長雖然很認真地唸書給孩子聽，但卻不問問題。因為他們「不想打擾孩子閱讀的興致」、「怕給孩子帶來壓力」。

然而，並非所有問題都會導致壓力。雖然聽到封閉式或確認式提問時，大腦確實會釋放讓人感到壓力的物質，但接收到開放式或創意型提問時卻不然。創意型提問不要求標準答案，所以不會導致壓力。人們在回答這類問題時，能夠隨心所欲地想像，這反倒讓大腦保持愉悅的狀態，進而釋放傳遞快樂的多巴胺。

大腦會在收到提問時匯集能量，用以解決問題，同時帶來創造的動能。天才同樣是透過大家都有的工具來鍛鍊創造力，這個工具就是——提問。只要能想出有趣又具挑戰性的問題，並為了尋求答案而付出努力，所有人都能成為天才。愛迪生曾說：「天才是百分之一的天賦，加上百分之九十九的努力。」這是現代家長們必須銘記在心的寶貴忠告。

03

提問帶你找到答案

弟子：老師，請問何謂知道？

孔子：知道自己不知道什麼，就是知道。

（知之為知之，不知為不知，是知也。）

弟子：那麼老師是如何獲得這麼多知識的呢？

孔子：我並非生來就學識豐富，而是透過不斷提問累積。

不知並不羞恥，不問才是。

以上是孔子和弟子的對話內容。孔子早在兩千五百年前就知道，只要提問就能找到答案。

「開口提問，只傻五分鐘；但不提問，要笨一輩子。」

兩千四百年前，蘇格拉底指著天空對弟子們喊出了各種問題。蘇格拉底會運用名為產婆術的提問技巧，教導弟子「提問會帶來答案」的哲理。透過提問引導弟子如何更有效地接近真理，就像助產士幫助產婦順利生下孩子那般。

在資訊時代，資訊量就等同實力，掌握得愈多就愈強大。因此成功的祕訣便是及時獲取適切的資訊。要獲取資訊有兩種管道——閱讀與提問。閱讀是向作者學習知識的過程，而提問則是透過問「為什麼」來建構屬於自己的知識。若說閱讀是被動獲取資訊，那麼提問便是主動尋求資訊。

在現實生活中也一樣。當我們面臨不盡理想或者令人不滿的狀況時，會思考「為什麼？」。腦中浮現這個問題後，就會思考「如果這樣的話？」來尋找改善的方案，並構思「該怎麼做？」來探索解決問題的方法。

提問勝過解答

「電腦沒什麼用處，它只會告訴你答案。」

五十年前畢卡索曾如此說道。早在五十多年前電腦開始風靡全球的時期，這位被稱做怪胎的天才畫家就已明瞭「提問勝過解答」的道理。

「受人以魚使其飽餐一頓，受人以漁令其受用一生。」

這是猶太人流傳千年的格言。由此可知，比起直接告訴孩子答案，他們更傾向進行提問教育。諾貝爾獎得主百分之六十都是猶太民族，便是這個教育法帶來的成果。

猶太人能擁有這份榮耀，都是家長們的功勞。他們會在孩子下課回家後，問孩子：「今天問了幾個問題？」即便是學歷不高的家長，也都知曉「給答案不如問問題」的道理。猶太人早在很久以前就知道，直接告訴孩子答案就如同一昧地把飯餵到孩子口中卻不教他煮飯，只能解決一時的需要。

家長送孩子去學校的目的，不是要讓孩子跟隔壁家小孩比賽誰背了更多答案，也不是為了打造考試機器，而是為了讓孩子在漫漫人生中的所有關鍵時刻，都能夠運用智慧化險為夷。然而，現代家長更致力於培養會背答案、會考試的孩子，而非有智慧的孩子。

補習班裡更誇張。要求孩子惡補超前學校進度一個月、一學期，甚至幾學年的先修課程。不僅如此，還會精選考試可能出現的題目，讓學生先背好答案，以此提高在校成績。

英國劍橋大學經濟學系教授張夏準在著書《資本主義沒告訴你的二十三件事（그들이 말하지 않는 23가지）》中，將韓國的課外教育現象命名為「起立觀影」。在電影院觀影時，若前排觀眾站起來，後排觀眾只得一個個跟著站起來，不然什麼都看不到。在當今韓國社會中，課外教育便是如此。無論家庭經濟狀況如何、不管孩子學習狀況如何，全都深陷「起立觀影」效應的黑洞之中。為了不讓孩子落於人後，鄰居家的孩子學什麼，我家的孩子就得學什麼。在這樣的社會氛圍下，韓國補教業的年產值高達二十三兆六千萬韓元，每年都有巨款從家長們的口袋中溜走，導致他們存不了錢，多

年後淪為全球最貧困的老人。而年輕人也害怕陷入這樣的窘境，所以不敢生育，導致韓國成為全球出生率最低的國家。

但有件事比經濟損失更需要擔憂。那就是補習班以「妨礙進度」為由，全面禁止學生發問。若有人問問題，其他學生們會「噓聲」不斷，說他干擾課程進度。補習班老師也會建議他：「你的程度太低跟不上，轉去別班比較好。」

因此，投入大量時間待在補習班的孩子們，自然會傾向盲從體制，不敢拒絕他人要求。盲從體制、不懂得拒絕的人，不再需要提問。這樣的大腦將早早老化，不會想發問，只會在別人給的答案中徬徨。

但在高速發展的現今社會中，只會背答案的人反而略遜一籌。主動探索並創造答案的人，才是真正的高手。

這個時代，不知才是力量

一九四五年韓國光復時，社會的主流價值觀為「知識就是力量」。這是在「因為缺乏新知才會被日本統治」的悲痛中汲取的教訓。當時，韓國第一任總統李承晚高喊著「知識就是力量！要活就要學！」展開了啟蒙教育。

然而，隨著第四次工業革命時代來臨，近期「不知才是力量」的理念成為世界主流。二〇一七年，英國特許管理學會（CMI）將史蒂文．杜澤與黛安娜．雷納共同執筆的《不知的力量（Not Knowing）》評為年度優秀作品。作者們在書中提到「人們所謂的知道（Knowing），指的並非掌握確切事實，而是不經確認或批判地盲從大眾認為正確的知識。人們在遇見不了解的事物時，多會選擇逃避，或者尋求專家的解答。但這麼做存在風險，因為你只會知道大家都知道的知識，永遠得不到新的資訊。」

沒有錯，知識就是力量的時代已經過去了。不知才是力量的時代已然來臨。

我們要向被譽為世界第一教育大國的芬蘭看齊的，並非他們的教育內容，而是教育態度——放手讓孩子自己尋找方法、解決問題。芬蘭的學校不會告訴孩子正確答案，而是給孩子時間，讓他在失敗中尋找或者創造答案。「相信世上存在唯一標準答案，會讓人變得渺小而無力。」他們就在這樣的哲學之下，鼓勵孩子不斷發問。而這就是培養孩子以創新方式解決問題的第一步。

人的一生，就是不斷地面臨問題，並解決問題。而解決問題的第一步，是問自己「怎麼樣才能解決？」在網路普及的時代，昨天為止可行的方法，今天卻不一定行得通。昨日的答案和解決方案，只適用於昨日。現今社會再也不是只要努力就能成功的世界。

我們該做的是問問題，而非背答案。這世上不存在標準答案，也不存在完美的答案。若相信有標準答案，汲汲營營地尋找，永遠達不到真正的專業。「這樣的話可行嗎？如果換個方式呢？」正因為手上沒有答案，才會浮現這些疑問。而這便是成為提問專家的第一步。無須從外界被動地接收提問，而是能夠自己主動構思問題，提問專家就是這樣養成的。

04

提問是通往「深度學習」的大門

二〇一六年是歷史性的一年。那一年，圍棋九段棋士李世乭與 AlphaGo 展開了圍棋對決，最終人類輸給了機器。AlphaGo 以四比一擊敗李世乭棋士的瞬間，全世界都陷入震驚。自詡為萬物之靈的人類，自尊心在剎那間被粉碎。

AlphaGo 之父傑米斯・哈薩比斯（Demis Hassabis）表示，AlphaGo 之所以能獲勝都是多虧「深度學習（Deep Learning）」技術。透過深度學習，AlphaGo 不僅能夠記憶並儲存資訊，還能透過整合、歸納資訊來發現新意義並賦予權重值，加以計算分析，藉此突破自身極限。也就是說，電腦之所以能夠跨越記憶及計算，踏入整合、重構、判斷的領域，都是多虧深度學習。

學習並背誦知識、尋找唯一正解、推崇非黑即白二分法的時代已走入歷史。在二十一世紀，人們必須面對無法預測的未來及AI技術，既有的知識庫中已經找不到我們需要的答案。為了應用既有知識創造新知識、解決眼前的難題，我們需要能夠祭出多種解方的人才。

深度學習的始祖不是AlphaGo

其實早在二十一世紀前，就存在深度學習的概念。古時候的天才們早已開始運用深度學習法（Deeper Learning）。蘇格拉底以提問引導答案的產婆術，可說是深度學習法的鼻祖；柏拉圖和孔子透過問答指引學生的形式，也是深度學習法；歌德的母親陪伴歌德一起看書說故事的閱讀方式，也是深度學習法。

歌德的媽媽每天會為孩子唸三次書，上午一次、下午一次、睡前一次。不過歌德媽媽的唸書方式十分特別，不是被動地我唸你聽，而是讓孩子成為能動的主體，一同參與閱讀遊戲。她會在童話故事進入高潮的瞬間停下，並對期待後續劇情的小歌德說：

「你來想像看看後面的發展吧。」

此時，小哥德的腦袋就會為了想像後續劇情而瘋狂運轉。如此一來，即便家長們都唸了同一篇傳說故事，歌德聽到的故事也會和其他小朋友不同。歌德媽媽的提問教育，讓小歌德無時無刻都在動腦，還會為了找到答案向媽媽提問。

「媽媽，公主想要回到皇宮，有三種方法。一個是趁怪物睡著的時候逃出來，另一個是殺死怪物，還有一個是大聲呼喊吸引其他人過來。媽媽覺得哪個方法最好呢？」

「這個嘛，這些方法中，哪個是公主可以做到的呢？」

歌德的媽媽透過這樣的方式，和歌德一起腦力激盪，思考如何解決問題。

研究歌德的後世學者一致贊同，正是歌德媽媽的提問教育開發了歌德的大腦，讓歌德在二十出頭的年紀就躍升為前途光明的律師，更成為世界知名的大文豪。據推測，歌德的智商約為一百八十五，而他頭腦過人的秘訣，就是以媽媽的提問為基礎展開的深度學習法。

提問是通往深度學習的大門

尚未踏入二十一世紀前，光是在學校學到的知識就足以讓人用一輩子了。因此高學歷在過去可說是絕對的優勢。但在未來的世界，知識的有效期限愈來愈短暫，單靠學校所學的知識已經無法養活自己了。過去的三十年，等同於現在的三年，有些知識甚至不到三個月就過期。為了在飛速變化的時代下生存，必須不斷學習新知識。頭腦僵化的人、腦袋不夠靈活的人、無法透過提問創造新知識的人，將難以在這個世界生存。

想運用深度學習法，必須先具備良好的閱讀能力。人類大腦的發育有一段關鍵期

(critical periods)，一般來說，是在出生後八個月到六歲以前。人的一生中，大腦「接收新刺激——進行學習與記憶——相互連結形成腦神經迴路」的功能最為活躍的時候，便是這個時期。

關鍵期過後，發展速度雖然減緩，但在十二歲，也就是小學五、六年級前，腦神經迴路的數量都會增加。若想讓孩子有能力在看書時掌握字裡行間的意義，甚至發揮更高層次的理解及思考能力，至少要在孩子滿十二歲之前培養他的閱讀能力。因為孩子的腦神經網路將在這個時期定型，並沿用一生。

人類需動員幼兒時期習得的語言概念、各式經驗等素材，建立能夠進行深度學習的大腦架構，因此並非所有人都適用深度學習法。唯有在十二歲前接受了充分的刺激，促進大腦發育的人才可以。性能不佳，一翻開書就頭痛的大腦，無法執行深度學習。

「一切學習都從提問開始。」

這是一九六五年諾貝爾物理學獎得主理查．費曼（Richard Feynman）在得獎感言中公開的學習理論。他主張大腦若要學習，必須先對事物抱持疑問，而這個疑問將成為創造新知識的基礎。

未來，把大腦當作知識倉庫使用的人，勢必無法躋身人才的行列。唯有能夠融入自己的想法及創意解決問題的深度學習高手，才會被認定為人才。

05

提問幫助你建立自尊

在學校，學生必須要回答老師的問題。當老師提問時，知道答案的學生能夠自信地舉手，但不知道答案的學生會畏畏縮縮、閃避老師的目光。提問就這樣在日常生活中影響我們的自我及自尊，也決定了他人看待我們的方式及我們看待他人的方式。

無數的提問研究報告都曾指出，「高自尊的孩子們時常發問；低自尊的孩子則不會提問」。韓國教育開發院（KEDI）的研究報告顯示，面對「腦中浮現疑問時會怎麼做？」的問題時，低自尊的孩子多選擇「不提問」。他們表示，之所以這麼做是因為「怕其他人發現自己不知道」、「怕被朋友們看不起」、「怕老師覺得我不夠聰明」，並且提到「會假裝自己已經懂了或者沒興趣」。因此這份報告在結論中提到，孩子在學校會不會發問，取決於家長的學歷、所得等外部因素形塑出的家庭氛圍，若家庭所得較低，孩子的自尊也會偏低。

同時受謙遜與自尊影響的行為並不常見，提問便是其中之一。因為提問的前提是，提問者必須謙虛地接受自己「不知道」，也必須有足夠的勇氣及自尊在他人面前承認自己「不知道」。

提問使我們成為心智成熟的大人

耶魯大學的史丹利．米爾格蘭（Stanley Milgram）教授在著書《服從權威（Obedience to Authority）》中，如此定義何謂大人。

「並非年齡增長、身體發育成熟、經濟獨立就是大人。能夠傾聽自己內心的疑問並且回答的人，才是真正的大人。」

心理學家安娜·佛洛伊德（Anna Freud）則表明，「在探索如何建立自尊的路途上，我曾著眼於外界因素、向外尋求。然而，自尊其實來源於自身。掌管自尊的部位，其實就位在我們大腦的前額葉皮質。」

提問雖然生成於主導感性的右腦，但掌管理性思考的左腦亦會提供協助。如火苗般竄起的疑問從右腦傳遞至左腦後，情緒會沉澱，內容也會轉化為更具邏輯的形式。這類提問通常是面向自己的自省型提問，而這類自省型提問將成為建立自尊的重要關鍵。

人類在成長過程中，會徘徊於數個不同的群體。名為家庭的群體、名為學校的群體、名為職場的群體、名為宗教的群體、名為信念的群體……人們就這樣活到四十歲成為中堅世代後，失去了自我，只剩下歸屬於群體的空殼。因此出現了一個現象——我們人生的支柱不再是自尊，而是歸屬感。在這樣的狀況下，離開或者跳脫所屬的群體後，個體必然隨之崩潰。所以為了避免崩潰，人們變得更執著於融入群體，用盡渾身解數迎合群眾。

現代社會中，人們的自尊愈發容易被耗盡。在進入資訊時代的二十一世紀，只會在資訊洪流中隨波逐流的人，將失去自身的思想，腦中只剩外界灌輸的訊息。因為在他成長過程中，不曾向自己發出任何自省型的提問。

所以無論再怎麼忙碌，也要為自己留下「思考時間」，藉由這段思考時間向自己提問。身體的肌肉需要透過運動來鍛鍊，而心智的肌肉則須透過思考來鍛鍊。當思緒以提問的形式浮現在腦海時，我們將能建立起自尊，成為心智上的大人。

> 愛自己並不等同於高自尊。真正的自尊源於能夠好好地面對他人、評價他人的心態。因此低自尊的人很容易陷入自戀。

這句話來自心理學家安娜·佛洛伊德。而她所提出的低自尊者特質如下。第一，只和看起來不會拒絕自己的人相處；第二，慣於隱瞞、偽裝、說謊、懷疑、服從權威、對弱者無禮、支配並壓榨弱者成性；第三，在強者背後嚼舌根、詆毀對方。安娜・佛洛伊德博士表示：「童年時期被剝奪自我決定權、沒有機會和自己好好對話，是人們成為低自尊者的主因。」

據統計，韓國近期最暢銷的書籍多為自尊及自我啟發相關題材。其中甚至有幾本常年佔據暢銷榜的位置。從這個現象便可以看出，在充滿競爭的校園與社會中成長、什麼都被父母安排好的韓國大人們，開始為了找回自尊奮力掙扎。儘管時間晚了一些。

06

提問幫助你增強記憶

記憶也有所有權

我們腦中雖然裝載著無數知識，但並非所有知識都具有同等的生命力。未經發問就取得的知識、由他人灌輸的知識只會成為短期記憶，並在三個月內從記憶的下水道排出。相反地，透過提問主動獲取的知識則更有力量，會儲存在長期記憶中，永遠屬於自己。

我自國小到高中挑燈夜戰背下的知識碎片，都到哪裡去了呢？上課時、複習時努力畫線背誦的知識，能想起的已經所剩無幾。就算當時考了一百分，那些知識現在也都記不得。對此，「正確提問研究所」的共同負責人丹．羅斯坦這麼說明。

我們之所以想不起曾在學校學過的大量知識，是因為那些都是未經提問就灌輸到我們腦中的知識。是否擁有提問思考的主動權，會影響學生的理解與記憶。主動提問時，答案的所有權在自己手上，永遠不會忘記。因為透過提問得到的答案，是由自己創造的答案。

未經提問自動輸入的知識，就如同終有一天會跳票的支票。相反地，藉由主動提問持續獲取、創造知識，就能成為知識富翁。即便時光流逝，他的知識財產也不會化為烏有。

構思問題等同強化記憶

如果由我自己來出考題該有多好啊！如果課堂上是由學生問問題，再交由老師來回答，一定很好玩吧？每個人在學生時期應該都有過這樣的想像吧？

一般來說，學校上課都是由老師提問，再由學生回答。不過也有些教室翻轉了過來。在芬蘭有，在韓國也有。在這樣的課堂上，是先由學生提問，再由老師回答。此外，不同於一般由老師出考卷給學生作答的形式，這裡是由學生出題，也由學生作答。學生們一人出一題，再由老師從中選出不錯的題目，實際用於考試上。由於學生們迫切希望自己出的題目被選中，因此會絞盡腦汁連夜構思好題目。

出過考題的人，大概都知道老師們的秘辛，知道出題前要付出多大的心力掌握考試範圍的內容。沒有徹底理解內容，就出不了考題。而且對內容不夠熟悉，容易想出莫名其妙的問題。而老師們正是利用這樣的原理，以考題被選中為誘因，激勵學生用功讀書想出好題目。

這樣的現象，可以用學習美國心理學家雷德（Lynne M. Reder）提出的「重複促發（repetition priming）之效果」來說明。

在注意力假說（focus hypothesis）中，具促發效果的提問（priming question）可使學習者觸及知識的核心概念。因為預習重要資訊，將促使大腦強化對該資訊的記憶，由學習者自己出題，促使他們在腦中重新建構所學知識。換句話說，在出題過程中再次整理所學內容，能夠有效加強記憶並幫助學習者建立基模。

提問是屬於大腦的運動

開始仰賴數位工具輔助記憶後，人類便出現記憶力衰退的現象。有關輕度認知障礙的研究顯示，在數位工具問世前，大多數人都能背下至少二十支電話號碼；但現在，已經沒什麼人能記住五支以上的號碼。

對於現代人的「數位失憶」現象，哥倫比亞大學心理系的貝琪・斯帕羅（Betsy Sparrow）教授與其同仁在名為《Google 效應對記憶之影響》的論文中主張：

現今網路成了人類外接式、分散式記憶的主要工具，由於我們集體將記憶儲存在網路空間而非自己的大腦，因此人類也集體患上了數位失憶。

記憶力可以透過鍛鍊增強。記憶事情本就是屬於大腦的運動。人類天生就有將資訊加工成容易記憶的形式並儲存的能力。舉例來說，有將意義化為圖像記下的圖像記憶法，還有將記憶化為聲音記下的聲音記憶法。

我們腦內裝載著一個抽象的架構，能將堆疊在記憶中的知識具體化。新的知識會在漸進式的同化及重構過程中形成。藉由這樣的過程，大腦能以既有的基模為基礎，建立新的基模，同時完善過去不完整的基模。因此，讓孩子們自己出題，透過重新整理所學內容來加強記憶，是個很好的訓練。

07 提問幫助你有效溝通

「這件衣服讓我看起來很胖吧？」這句話中隱含了發話者想要聽到「哪有，明明就很苗條」的期待。中年女性與許久未見的朋友相約時，常常問：「我是不是老了很多？」這時如果回答：「對啊，你真的老了。」表示那人不懂這個問題背後的涵義。「才沒有，跟十年前一模一樣好不好！」這才是符合對話原理的回覆。回答「對啊，你真的老了」的人無法和對方有效溝通，兩人的話題無法延續，只能大眼瞪小眼到直到聚會結束。之所以如此，是因為提問者並非不知道才詢問，而在發送想與對方溝通的信號。結果回答者卻錯過了這個信號。

人類的需求金字塔中，存在「自我實現」需求。若說生理需求、安全需求、尊重需求、歸屬需求是出於自我保護的基本需求，那麼自我實現便是希望展現自我的社會需求。

嬰兒會在從三個月大時開始牙牙學語。如果家長在孩子發出聲音時即時給予反饋，孩子就會一直持續練習說話。反之，若家長或其他大人不給予孩子回應，孩子對發聲表達的熱忱很快便會消退。

人與人的對話也和嬰兒的牙牙學語一樣，需要在你來我往的互動下展開並延續。人類在掌握語言之前，就開始透過各種形式溝通。嬰兒們牙牙學語的聲音，以及三歲小孩的連環提問就是其中之一。

人工智慧無法生成提問

A 這週六要不要一起看電影？

B 我週六要去爬山。

上述情境中，B的回覆代表了拒絕。七歲小孩都能讀懂話語背後的意義，但AI卻做不到。只要句子中沒有表明「是」或「否」，機器就無法判讀對方是否拒絕。

對提問中隱含的信號給予適當回應，是一種溝通技巧。就這方面來看，AI的溝通技術無法超越人類。AI的數據處理及儲存的能力，或許能夠勝過人類；但以數據為基礎進行企劃與決策的工作，只有人類能勝任。因為價值判斷、目標設定、靈感構思、資訊共享、意見表達等行動的主體是人類，而非機器。

第四次工業革命時代的AI及機器人，雖然能代替人類從事許多工作，但不可能像人類一樣擁有豐富的好奇心，也不會主動構想提問、進行重要決策。因此隨著人工智慧的運用愈來愈普及，公司經營者將更偏好擁有思考型大腦，能與他人協作的「溝通型人才」，而非知識倉庫型人才及競爭型人才。

適當的提問及回應，將打通溝通的渠道

政權會因為溝通不足而瓦解，家庭也會因為溝通不足而分崩離析。現代社會中，引起各種社會問題的孤狼，通常都無法與人正常溝通。

人們喜歡和懂得傾聽的人相處。因為傾聽意味著尊重，也展現了對對方的關心。「與其耗費一年吸引對方注意，不如用一小時傾聽對方說話。」正如這句格言所述，傾聽可以拉近彼此的距離。

好的提問具有推動對話的魔力。恰如其分的提問能夠帶動話題，對方感興趣的問題，以及觀點中立且不失禮的問題，則能促進對話延續。提問是溝通的第一步。若有人向我提問，等同於對我釋放友善的信號。

提問的技巧及回答問題的能力，小至小學生，大到大公司CEO全都需要。因為針對提問中隱含的訊息給予適當回應，是非常重要的溝通能力。無法給予適當回應的人，必然會在人際關係中受挫。

我們全都是經營者。經營著自己的人生，經營著家庭，經營著人與人之間的人際關係。或許對二十一世紀的孩子們而言，最重要的不是專業技術，而是促進有效溝通的提問技術。

08

提問是寫出好文章的第一步

哈佛大學畢業典禮上，一位外國記者向科學學院的應屆博士畢業生們提問：

「你現在最渴望擁有的是什麼？」

收到問題的學生大多數都回答：「想要優秀的寫作能力。」記者本以為達成哈佛大學博士畢業成就的人，應該會回答「想要獲得諾貝爾獎」或者「想成為知名大學的教授」。結果他們想要的竟然是「優秀的寫作能力」啊！因此記者再次詢問：

「為什麼選寫作能力呢？」

「因為會寫作才能好好展現自己的研究成果。」

這個回答隱含的意義是，「會寫作才能得到諾貝爾獎、才能當上教授不是嗎？」因為無論學術成果多卓越，若無法將其化為文字，就無從與人競爭。

寫作是知識的終點站。透過寫作才能意識到自己究竟知道什麼、不知道什麼。無法透過書寫整理出的知識，不能說是我的知識。諾貝爾物理學獎得主彼得·杜赫提（Peter C. Doherty）教授曾說：

「想要研究科學，就必須會寫作。觀察寫作能力佳的人，可以發現他們的想法都非常明確。相反地，寫作技巧不純熟的人，思緒也不夠清晰。」

我們都想擁有良好的寫作能力。無論小學生還是大學生，不管是無名小卒還是知名人士都一樣。若走進書店，可以發現教導寫作技巧的圖書獨占了一區，其中甚至還有幾本常駐暢銷榜的作品。然而，我從未聽說有誰能在讀完這些書後，馬上就掌握寫作技巧。

寫作重要的並非技巧，而是字裡行間所承載的思想。若說技巧是硬體功能，思想就是軟體功能。硬體功能可以靠學習或者借用養成，軟體功能則不然。借用他人的靈感或創意，形同剽竊。若想培養寫作的軟體功能——思想，靠的便是提問。

靈感在提問中誕生

為了寫這本書，我曾去到首爾市江南區的一家小學為孩子們上寫作課。孩子們看見我在黑板上寫下題目後，馬上敲著書桌喊道：

「沒有東西好寫啊！」

我頓時愣住了。一九六〇年代我曾在一家小學任教兩年，那時班上學生每逢寫作時間就會抱怨：「沒東西好寫！」結果過了四十年後的今天，孩子們仍然在說沒有東西可寫。

沒錯！想進行寫作活動，必須先有「東西」可寫才行。那些所謂「可寫」的內容是素材，也是主題。若說素材來源於經驗或事件，主題便是我們的想法與見解。那麼寫不出東西，就意味著孩子們的腦中想不起任何經驗及事件，也沒有任何想法和見解。為什麼會這樣呢？

我們看見或經歷某個事件後，腦中通常會產生疑問。「為什麼會發生這樣的事？」「所以那個人之後怎麼樣了呢？」腦海中冒出這些疑問後，我們的思考發電廠便會啟動，並產出自己的想法及觀點。而寫作便是對這些想法的彙整。文中的思想愈是獨到、愈是美麗、愈是正義，收到的評價就愈好。

相反地，未經提問就儲存至大腦的知識，大多無法真正化為己用。因為這些知識大部分都來自課本或由老師灌輸，未經批判性思考就自動儲存至我們的大腦。我偶爾會讀到由這類自動化知識構成的文章，這些文章就是典型的無聊、乏味又缺乏個性的文章。

和江南校園的小學生們相處了一整天後，我才明白小學六年級的他們都有著差不多的志願，都穿著時下流行的衣著，都唱著當下流行的音樂，都玩著目前流行的遊戲。

很多學生會擔心如果跟不上流行，就無法融入其他同學。有的孩子為了讓自己的思想盡量貼近多數同學，會努力地追隨流行。因為他們害怕自己跟其他同學不一樣的話，會遭受「排擠」。

過著這般盲從流行的人生，哪裡會思考什麼問題呢？在絲毫不會提問、只求完美追隨流行的文化脈絡下，能寫出的文章應該都大同小異吧？無論過去還是現在，孩子們會說出「沒東西可寫」都是理所當然。必須培養孩子們擁有獨到的觀點、想法還有疑問，他們才會有東西可寫。然而，現實環境的條件著實令人擔憂。

09

提問力就是你的領導力

偉大的領導者都是優秀的提問者

綜觀歷史，能成為領導者的人，都擁有在適當場合提出適當問題的能力。傳說，釋迦摩尼曾在路上看見有人拉著供領主獻祭贖罪用的牛隻。當時，釋迦摩尼對拉著牛的人問道：

「犯錯的是人，為何犧牲的是牛呢？」

領主輾轉得知釋迦摩尼所說的話後，意識到這個行為的謬誤，廢除了獻祭牛隻的制度。

當耶穌看到群眾朝著因為與人姦淫而被抓的婦人扔石頭時，他開口問道：

「你們之中究竟誰有資格將石頭扔向這位婦女呢？」

人們聽完這番話後，紛紛放下手中的石頭，離開了現場。

當林肯在故鄉斯普林菲爾德二度競選眾議院議員時，出身頂尖大學的另一位候選人道格拉斯攻擊了他的學歷。

「大家覺得能把斯普林菲爾德託付給一個小學二年級就輟學的人嗎？」

「不行！不可以！」

聽眾們如此回應。在不利於自己的局面下，林肯對聽眾們提問：

「出身頂尖大學的道格拉斯和小學都沒畢業的我，同時登上了候選人的位置。各位覺得我們兩人之間，誰付出了更多的努力呢？」

「林肯！是林肯！」聽眾們回答。

在選舉活動剛開始時，大家都確信林肯會落選，但在那次演講後，他的人氣水漲船高，最後以兩倍選票大勝道格拉斯。

朝鮮太宗在位十八年間舉行了六十次經筵，而世宗在位期間舉行了一千八百九十八次經筵。在多達一百六十三卷一百五十四冊的《世宗實錄》中，最常出現的一句話便是：「眾卿對此問題有何看法？」世宗不是單方面下達命令的君王，而是透過提問表達對臣子們的尊重，也透過提問贏得臣子們忠心的領導者。世宗就是一位提問達人。

像這樣根據狀況適當地提問，將能抓住人們的心，掌握人們的情感及局勢，推動歷史的演變。成為優秀的提問者是成為領導者的捷徑。「有效的問題賦予人權力。」這句西方諺語就是最好的證明。

提問是挖掘真相的十字鎬

當我們接收到提問時，神經系統會受到刺激，進而活化腦細胞。而答案也會無意識地浮現在腦海。這時即使不一定要回答，也會覺得好像應該給予答覆。這種對於回答問題的使命感稱為「問答反射（question-behavior effect）」。回答反射現象也會以相同的方式作用在我們尋求知識的時候，抑或為人生難題尋找鑰匙的時候。

正是這樣的心理特性，讓提問者與回答者透過問題自然而然地產生連結。另外，正如戰爭中較強的一方會發動先攻一般，在對話中提問者將掌握主導權，而回答者只能被動跟隨。因此只要適當地提問，就能引導人們跟隨自己的步調與方向。

所有人都希望孩子成為受人敬重的領導者。但若希望這件事成真，最重要的是先培養孩子的提問能力。因為擁有優秀的提問能力才能抓住其他人的心，引領他們同行。提問是挖掘真相的十字鎬，也是照亮前路的手電筒。擁有十字鎬與手電筒的人，才能成為領導者。

透過提問有效掌控局勢

提問有一種力量，能讓你看清對方腦中所想。不僅如此，有力量的提問也能引導對方說出我想要的答案。無效的提問讓人覺得掃興，好的提問則讓人對於接收新知興致勃勃。好的提問能讓一直想不通的事情豁然開朗，也能讓人靈光一閃想出富有創意的點子。所以提出好問題能讓局勢倒向自己，讓人掌控對話的主導權，甚至控制群眾。

有力量的提問比說服更有效。當一個人提問時，剩下的人會仔細聽他說話。出現刺激大眾好奇心的問題時，人們會將注意力放在提問者身上。因此，能問出好問題的人，就能成為領導者。

2

用十二種閱讀法
培養愛提問的孩子

若只想過隨波逐流的人生，
提問能力可有可無。
但想擁有展望未來、富有創造力的人生，
提問能力不可或缺。
只要擁有能夠不斷提問的大腦，
面對任何難關都能找到出路。

01 刺激好奇心，讓提問萌芽

「博士，您認為自己最大的優點是什麼呢？」

「最大的優點嗎？我最大的優點是充滿好奇心。」

這是一九二一年諾貝爾獎頒獎典禮上，愛因斯坦與記者的訪談內容。看見期待聽到「熱忱、努力、鬥志」等答案的記者呆住後，愛因斯坦接著表示：

「在我家鄉的河裡有很多很多能激發孩子們好奇心的東西。」

萌芽於河川的好奇心及求知慾，在小愛因斯坦的腦中埋下無數提問的種子。而愛因斯坦跟著這些提問深入研究，最終成了偉大的物理學家。

根據看書、看電影的方式，可將人們大致分為兩種類型：滿足於表面劇情的讀者／觀影者，以及會問「為什麼」的讀者／觀影者。滿足於表面劇情的讀者／觀影者只會被動接收作者提供的資訊，因此腦中不會產生疑問。相反地，帶著好奇心、求知慾及懷疑的態度閱讀的讀者／觀影者，腦中會萌生很多疑問。好奇心會觸發求知慾，求知慾則會成為提問的動力。因此若想培養出提問能力良好的孩子，必須先讓孩子擁有旺盛的好奇心及求知慾。

記住以下幾個原則，將能激發孩子的好奇心及求知慾，進而提升其提問力。

第一，不對孩子說「本來就應該……」之類的話。

A

孩子：為什麼新娘在婚禮上要穿白色婚紗呢？

家長：新娘本來就應該穿白色婚紗啊。

B

孩子：為什麼新娘在婚禮上要穿白色婚紗呢？

家長：對啊，為什麼呢？我們一起想像一下穿白色婚紗的新娘跟穿黑色婚紗的新娘給人的感覺有什麼不同吧。

A類型的家長注重規範，更勝於好奇心。A類型家長會回答孩子：「醫生們自古以來都穿白袍、喪禮上穿黑色衣服才符合傳統禮節。」在這類家長的教導下成長，孩子容易缺乏好奇心賀爾蒙——多巴胺。

這些孩子們在學校會當個安安靜靜不發問的學生。而不發問的孩子「缺乏熱忱」、「缺乏想像」、「缺乏創意」的狀況會比其他孩子更嚴重。缺乏熱忱讓孩子無法踏上自我成長之路；缺乏想像讓孩子無法舉一反三；缺乏創意則讓孩子無法開創自己的未來，只能原地踏步。

B類型家長則能幫助孩子培養好奇心。在這類家長的教導下成長的孩子會問：「為什麼醫生都穿白袍？為什麼喪禮上要穿黑色衣服？為什麼陸軍要穿綠色棕色斑紋相間的軍服，而空軍要穿青色制服？」之類的問題。

在這類對話中成長的孩子，腦中有著大量能刺激好奇心的多巴胺。因為家長的提問，將促使孩子對既有的秩序及現象產生疑問。如此將在孩子腦中撒下無數名為好奇心的提問種子，而孩子在學校也會成為愛提問的學生。

第二，當孩子問問題時，與其立即給予答案，不如「反問」孩子問題。孩子們在看完書後會問各式各樣的問題。有的孩子會問大家習以為常的問題，有的孩子會問超乎意料的問題，也有孩子會問一些荒誕無稽的問題。有智慧的家長此時會怎麼回答呢？與其直接回答，不如試著先反問：「對啊，為什麼會這樣呢？」因為透過反問，能在孩子的腦海種下更多好奇心種子。多次被「反問」的孩子們，將能從一個疑問衍伸出許許多多的提問，成為提問富翁。

第三，針對探索科學的提問給予科學性的回覆。

「為什麼會打雷呢？」

「為什麼一到晚上太陽就不見了？」

有些家長會在孩子們問這類問題時回答：「打雷是因為老天爺生氣發出了巨響、太陽下山是因為太陽公公去吃晚餐。」但這種童話般的答案等同在對孩子們探索科學的好奇心潑冷水。

當孩子詢問探索科學的問題時，較宜給予科學性的答覆。此外，比起由家長提供非專業性的回答，不如讓孩子閱讀與自然現象相關的書籍。例如當孩子詢問關於風的問題時，可以讓他們讀夏洛特．佐羅托（Charlotte Zolotow）的《風到哪裡去了》。這本繪本描繪了風生成到消散的過程，能夠確實地回應孩子對風的好奇與疑問。若提出的問題能收到切實的答覆，孩子的好奇心會愈發茁壯，學習能力也會跟著成長。

02 邊讀邊同理，觸發提問力

帶孩子去打針時，在針頭插進孩子身體的剎那，家長也會感到痛苦，跟著皺眉。這是因為家長對孩子的痛苦感同身受。這樣的現象通常發生在同理共感能力強的家長身上。

同理共感能力源自大腦內的鏡像神經系統。鏡像神經元扮演著連結我們所見與所感的生理橋梁，幫助我們在感知到他人的表情、視線、動作、態度時，能夠感同身受地代入。也就是說，因為鏡像神經元的活躍，讓我們能夠感知他人的痛苦，擁有讀懂他人心思及想法的同理共感能力。

若同理能力不足，就無法換位思考、無法站在對方的角度看事情、無法理解並體諒他人。而同理能力對於身處同儕團體內的小孩子們尤其重要。沒有理解並體諒他人的能力，容易在社交上感到挫折。沒朋友、被朋友討厭、無法融入同儕可能會傷害孩子的自尊，導致性格產生偏差。

心理學家們在同理心相關研究中指出：「要能同理，心才會被觸動；心被觸動了，才會出現疑問；有疑問，才會更積極地看待世界並採取行動。」因此他們也將同理心稱為「提問的催化劑」。

以下幾種閱讀方法，能培養孩子的同理及共感能力，進而提升其提問力。

第一，多多觸動孩子的感性。例如在和孩子一起看電視新聞時，若出現因為沒有乾淨水源可飲用而生病的非洲兒童，家長可能有兩種反應。一種是只會單方面接收新聞內容，沒有其他反應；一種是會在看到後詢問身旁的孩子：「你覺得那個小孩現在口有多渴呢？」來觸動孩子的感性。孩子在聽到家長提問後，會開啟感性的視角，將自己代入新聞中口渴的孩子，並冒出「非洲為什麼這麼貧困呢？要怎麼樣才能擺脫貧窮呢？」之類的問題。相反地，未被觸動感性的孩子無法代入情境感同身受，所以不會有任何想法，只是單純地收看新聞。

第二，透過問問題讓孩子將自己代入書中主角，身歷其境。舉例來說，和孩子一起讀八島太郎的繪本《烏鴉太郎》時，家長可以通過下方的問題提升孩子提問的動力。

「當孩子們嘲笑男孩是烏鴉時，男孩心裡在想什麼呢？我們一起想想烏鴉太郎會有什麼樣的感受好不好？」

「班上同學為什麼討厭烏鴉太郎呢？如果你是烏鴉太郎的同學，你會怎麼回答呢？」

03

拓展詞彙量，提升提問力

人們只能理解、感受、思考、表達腦中詞彙所涵蓋的資訊，因此讓孩子從小接觸大量優質的詞彙，能夠有效培養孩子成為擁有優秀大腦、豐富感性及溫暖品性的聰明人。而孩子們需要掌握的優質詞彙，都在優秀的文學作品裡。

二〇一二年，美國教育科學研究機構針對當代推動美國發展的一千位領導者的特質做了研究，而本章的開頭便是該研究報告的部分內容。報告中表示，「現今推動美國發展的所有領導者，小學時期都閱讀了逾五百本童話名著。」同時也指出童話名著對於提升詞彙能力十分有幫助。

人會自然而然地習得閱讀時接觸到的詞彙，而且習得的詞彙會儲存於大腦及意識之中，影響我們的情感及思考。因此人類的理解、感受、思考及行動，都會受到腦中詞庫內容的限制。換言之，兒時讀到的好書將提供優良的詞彙模組；劣質的書則會提供劣質的詞彙模組。而那些詞彙將在我們說話或寫作時無意識地顯露。

另外，提問能力同樣也受詞彙能力影響。若詞彙能力不足，縱使腦中浮現想法及提問也無法發言。即使有機會發言，也很難找到適當的用詞，導致其他人無法理解，形同無效發言。因此，若希望孩子能夠盡情地提問，必須先為孩子建立豐富的詞彙庫。

以下幾種閱讀方法，能增進孩子的詞彙能力，進而提升其提問力。

第一，讀傳說故事給孩子聽時，在出現高級詞彙的部分提高語調。例如讀《太陽與月亮》時，家長如果想教孩子「寡婦」、「兄妹」、「繩子」等詞語，就在唸到那些詞彙時拉高語調。如此即便念了大量的字詞，孩子的大腦也會對這些詞語更有印象。不僅如此，這也能引導孩子在聽到不認識的詞語時即時提問。「什麼是寡婦？」「什麼是兄妹？」「什麼是繩子？」不過這時比起馬上告訴孩子詞語的意思，更適當的做法是回答孩子：「先仔細聽後面的故事。讀到後面自然就會知道這些字詞的意思了。」透過自己的努力學會的詞彙及詞義，將儲存至孩子的長期記憶中，永久保留。

第二，閱讀過程中若出現不認識的詞彙，可以引導孩子「邊讀邊推測」。許多孩子在閱讀時，只讀自己看得懂的字詞，不懂的就略過。這種「概覽式閱讀」對於提升詞彙能力沒有幫助。當孩子遇到不懂的詞彙時，家長應該引導孩子推測字詞的意思，並協助他將推測的內容紀錄在一旁。透過這樣的方式，讓孩子先略讀第一遍，之後再查辭典或者詢問大人，確認自己的推測是否正確。若發現自己的想法正確，孩子便會感到愉悅；若發現推測錯誤，孩子也會打起精神更加認真。這樣「邊讀邊推測」對增進詞彙能力十分有幫助。而且可以和朋友或者兄弟姊妹一起像玩遊戲一樣「邊讀邊推測」，不僅更有趣，效果也會加倍。

第三，即使孩子使用代名詞提問，家長也要以具體的名詞答覆。舉例來說，當孩子在讀繪本時運用代名詞詢問：「**這個**是什麼？」家長就得以具體的事物名稱回答：「啊～你是說**蘋果**啊！」當孩子指著玫瑰花說「媽媽／爸爸，**那個那個**」的時候，反問孩子「喔～你是指**開在牆上的紅色玫瑰花**嗎？」就能促使孩子的詞彙能力快速成長。

有些孩子在想要取得某樣東西的時候，會選擇透過手勢表達，而非語言。部分家長在這樣的情境下，會直接把東西拿給孩子，或者搖頭擺手，用肢體語言表達拒絕。使用這類方式回應孩子的肢體語言，對拓展孩子的詞彙量沒有任何幫助。對孩子說：「原來你想吃冰淇淋啊。那你應該要說『請買冰淇淋給我吃』才對啊！」讓孩子練習說出「冰淇淋」，才是比較適當的做法。與孩子對話時，用名詞代替代名詞，用具體名詞取代肢體語言，能有效提升孩子的詞彙能力。

04

提升專注力，讓提問更精準

沉浸及專注並不單單只是投入在某件事，而是進到能將自身能力發揮到極致的狀態。例如運動選手進入專注狀態後，聽不到周遭任何聲音，甚至感受不到時間的流逝，就連自己得分都沒察覺。進入這種「忘我境界」的人，將能發揮超常的能力。

就生理發育層面來看，小孩子很難集中注意超過三分鐘，因此對於需要適應校園及閱讀生活的孩子來說，培養專注力非常重要。學習方法暨認知心理學的研究表明，學習能力佳的孩子們最大的特質，就是擁有強大的專注力。研究大腦的學者也指出，英才特質中最不可或缺的要素，就是專注力。

然而，觀察韓國兒童及青少年近期的閱讀習慣，他們閱讀時不僅不專心，甚至會開著吵雜的音樂，一邊搖頭晃腦，一邊閱讀或讀書。詢問原因後，他們表示：「這樣才讀得進去」。但這樣的想法真是個天大的誤會。

某天，一位教授詢問學生們為什麼讀書時要播放吵鬧的音樂，而學生們回答，「開著音樂比較讀得進去。」之後那位教授便在考試期間大聲播放學生們讀書時聽的音樂，結果所有學生都哀嚎著表示無法專注。沒有任何一位學生認為聽音樂能使他們更專心，也沒有一個人希望繼續播放音樂。這個案例證明了，吵雜的音樂會妨礙大腦進行讀書及閱讀等需要腦袋瘋狂運轉的活動。

以下幾種閱讀方法，能增強孩子的專注力，進而提升其提問力。

第一，唸書給孩子聽後，和孩子一起進行問答遊戲。孩子閉上眼睛聽家長唸故事，聽完後由家長問孩子角色名稱、角色性格、書中對話、事件順序等等問題。藉由這樣的問答遊戲，能夠強化孩子聆聽時的專注力，也培養孩子在學校時專心聽課、精準捕捉老師上課內容的能力。在學校裡，提問能力良好的孩子有百分之八十都是能夠專心聽老師講課的學生。而無法集中注意力的孩子，腦中的思考發電廠不會運轉，調不出提問所需的資料，自然就無法發問。

第二，請孩子在看完書後，轉述給其他人聽。當他們意識到看完書後必須將內容轉述給其他人聽，就會讀得更專心。

「這本書媽媽／爸爸沒看過呢，你讀完之後講給媽媽／爸爸聽吧。」

「讀完之後講給弟弟／妹妹聽吧。」

「如果講給奶奶／爺爺聽的話，奶奶／爺爺一定會很開心。」

此時，孩子會依據聽自己說故事的對象，聚焦在不同的地方。對方是大人、是小孩，還是老人，要注意的地方不同。無數有關「轉述故事」的實驗都指出，孩子們會依據聽故事的對象調整用詞難度及內容等元素。若要根據聽故事的對象調整說故事的內容，自己在聽故事的時候就需要維持高度專注，因此孩子的大腦也會進入沉浸、忘我的狀態。

05

訓練長期記憶，讓提問更豐富

德國心理學家赫爾曼．艾賓浩斯（Hermann Ebbinghaus）曾發表「遺忘曲線」理論，其中指出「人類的記憶與時間平方成反比」。根據艾賓浩斯的研究，人類會在學習後十分鐘開始遺忘。一小時候忘記百分之五十，一天後忘記百分之七十，一個月後忘記百分之八十。若不努力將記憶化為長期記憶，那數十年後的我們，究竟還記得什麼呢？

若想將短期記憶變為長期記憶，可以使用「圖像記憶法」。閱讀時使用圖像記憶法，可以讓遺忘曲線趨於平緩。看書時若將文字轉為圖片或影像，閱讀也會變得更有趣。除了有趣之外，書中內容也會在記憶裡停留更久且更詳細。一般來說，轉換成圖像的記憶無論再複雜、再困難，都能輕易記起來。舉例來說，李舜臣將軍傳記中記載了李舜臣將軍在閑山島海戰時，以「鶴翼陣戰術」引誘日軍戰艦入陣並擊敗對方的故事。這時若以填鴨式教育要求孩子背下李舜臣將軍運用「鶴翼陣戰術」的始末，之後很容易就會忘記。但若在閱讀時使用圖像記憶法，將傳記中把船排成鶴翼型態的陣形，並引誘日本戰艦入陣的場景記下，就會記得更仔細、更長久。換句話說，圖像記憶法能夠鞏固記憶，使遺忘曲線趨緩。

有研究顯示，人記憶的內容愈多，問的問題就愈多、愈豐富。舉個較極端的例子，失智症患者就不會問問題，因為他沒有好奇的事，也沒有想知道的東西。之所以如此，是因為人對事物的好奇及求知的慾望，與自身所擁有的記憶容量成正比。

應用以下幾個閱讀原則，將能訓練孩子的記憶力，進而提升其提問力。

第一，利用能夠刺激五感的問題，強化記憶。將書中場景刻劃在腦海，並非對所有人都有同等效果。效果會根據個人視覺、聽覺、嗅覺、味覺、觸覺等五感的敏銳程度有所不同。感官的記憶鮮明抑或模糊，也會影響記憶的強度、記得的內容，以及遺忘的速度。因為記憶力與感官感受密不可分。

幼兒的記憶能力會從場所、圖畫等伴隨著圖像的視覺記憶開始發展，接著是與味道有關的嗅覺記憶，以及伴隨著韻律的節奏記憶。因此，要激發孩子的長期記憶時，最好運用這三種感官。例如讀童話故事、偉人傳記及歷史小說等書籍給孩子聽後，可以透過問問題讓孩子畫下有印象的場景，或者請孩子模仿聲音、試著想像味道。以這類方式形成的記憶，不會停留在破碎的圖片層次，而是會化為電影場景般的圖像、影像記憶。像這樣透過感官形成的記憶，會儲存為長期記憶，不會被遺忘。

第二，閱讀時結合自身經驗，加深記憶。其實我們的記憶不會將接收的資訊原封不動地儲存，而是會先以自身經驗詮釋後，再加以記憶。而且大腦提取記憶時，也並非直接提取腦中儲存的內容，而是會根據當下狀況及心理狀態有所不同。因此記憶也被定義為「非客觀複製、經由主觀詮釋的事實」或者「被現在化的過去」。

記憶力的好壞及記憶內容具體與否，取決於個人經驗的質與量。舉例來說，閱讀經驗不足或者不諳世事的人在看見並記憶某件事時，傾向於概略、模糊地記憶。相反地，閱歷豐富的人記憶時則更加清楚且鮮明。另外，一般來說震驚、憤怒、悲傷、開心等刺激更強的經驗，也會讓記憶更加清晰。

第三，睡前聽到或讀到的事情，將在記憶裡停留更久。睡前是長期記憶最活躍的時刻。寫成日記的事情更不容易忘記，也是基於同樣的道理。另外，考試前一天如果在讀完書準備睡覺前跟朋友通話太久，隔天考試有很大機率會搞砸。但若反過來，先跟朋友通話後，再在睡前大略複習一遍今天讀的內容，那麼今日的學習成果就會儲存至長期記憶，隔天考試就能拿到好成績。

因此，如果讓孩子在入睡前聽「睡前故事」或「床邊故事」這類睡前讀物，這些故事就會化為長期記憶。擁有這類經歷的孩子，長期記憶會非常充實。

第四，閱讀後要給孩子時間整理思緒，所讀的內容才會進入長期記憶。將讀完或聽完的內容轉換為圖像或摘要儲存至大腦，需要一些時間。因此一讀完就馬上問孩子書中內容，有些強人所難。此外，當孩子聽到這類問題時，大腦會感受到壓力，因而抗拒回答。所以閱讀後家長若想和孩子分享書中的內容，最好給孩子十到十五分鐘的時間整理好記憶後再提問。

第五，書也分為容易記憶的書，還有不容易記憶的書。我們在閱讀時會發現，有些書的內容很好記，有些書卻怎麼也記不住。為何在記憶能力不變的情況下，會出現這樣的現象呢？那是因為書也分為容易記憶的書跟難記憶的書。如果想加深記憶，就必須挑選便於記憶的文本。以下幾個原則，能幫助你挑選好記憶的書籍。

①線性的敘事比並列的敘事更好記憶。
②自己國家、故鄉的故事比其他國家、其他城市的故事更好記憶。
③有主角的故事比沒主角的故事更好記憶。
④孩子出生滿二十五個月後，對和自己同一性別的角色故事更有印象。
⑤親身經歷比聽人口頭闡述來的更有印象，且經歷愈多次，印象愈深刻。

06

邊讀邊想像，讓提問力如虎添翼

擁有想像力，讓我們在看書時隨著劇情又哭又笑。雖然書中人物和自己沒有任何關聯，但透過想像力，我們可以和書中主角對話、討論意見、感受對方的悲傷及喜悅。這就是代入式體驗，也可以稱作間接體驗。

想像力串聯起作者與讀者。作者運用想像力將自己想說的故事傳遞給讀者，讀者再透過想像力踏入作者建構的世界中。

想像力豐富的孩子們，擁有聞一知十的擴散性思考能力。舉例來說，想像力豐富的孩子在學了「母親」這個詞後，能夠迅速掌握「字母、母女、父親、親戚」等使用了相同生字的詞彙。反之，缺乏想像力的孩子無法進行擴散性思考，因此只會背下「母親」這個詞，不會延伸出其他詞彙，無法觸類旁通，讀書也會讀得比較辛苦。另外，想像力豐富的孩子通常都很會提問，因為他們腦中源源不絕的想法會化為提問傾洩而出。

以下幾種閱讀方法，能豐富孩子的想像力，進而提升其提問力。

第一，請孩子一邊閱讀，一邊想像書中場景。若在讀詩作或童話時，一邊想像書中描述的天氣、風景、氣味、聲音、香氣等等，能夠幫助理解，且更有趣。利用這樣的原理引導孩子們邊讀邊想像，能讓孩子們打開感官想像書中情景，恍如身歷其境，並將自己在想像中遇到的疑惑都化為提問。

第二，運用偵探式閱讀法，培養推理想像能力。偵探式閱讀法要求發揮想像力，運用已知的細碎資訊拼湊出完整事實。推理想像能力強的孩子，擁有能夠舉一反三的頭腦。想培養舉一反三的能力並不容易，必須由名為提問的力量推動。家長可以透過以下問題，訓練孩子的推理想像能力。

① 問「為什麼？」讓孩子想像事件的因果關係。
② 問「所以呢？之後會如何？」讓孩子想像事件的後續發展。
③ 問「原因是什麼？」讓孩子想像事件發生的緣由。
④ 問「換作是我的話會怎麼做？」讓孩子想像解決問題的方法。
⑤ 問「如果選擇另一個的方法會如何？」讓孩子想像不同的狀況。
⑥ 問「文中省略的部分寫了些什麼？」讓孩子想像背後的意涵。
⑦ 問「如果是這樣的話呢？」讓孩子想像事件的結論。

第三，問「如果這樣的話？」請孩子邊讀邊假設，培養孩子的創意想像能力。有些孩子閱讀童話時，只停留在「表面劇情」的層次；而部分家長就算孩子只是看看故事也會給予稱讚。但這樣的行為和吃東西不咀嚼就直接吞嚥沒什麼兩樣。吃東西時必須細嚼慢嚥才好消化，看書時也要細細品味才能感受閱讀的樂趣及意義。

「如果白雪公主不漂亮而是醜八怪的話會怎麼樣？」

「如果沈清收到的貢米不是三百石而是四百石，而且把剩下的一百石留給父親後再離開的話，會怎麼樣呢？」

孩子的創意想像能力會隨著家長的提問愈發茁壯。不僅如此，孩子們還會發揮模仿的本能，自己想出「如果沈清帶爸爸去看眼科的話呢？」這類充滿創意的問題。

07 培養邏輯思考，讓提問更有力

邏輯思考能力指的是判斷思考的脈絡、關聯性、順序、方向等是否符合邏輯的能力。能夠判斷符合邏輯的想法為「實話」、「事實」；不合邏輯的想法為「謊言」、「錯誤」。

世上分為兩種人，有主見的人，以及隨波逐流的人。前者有自己的邏輯與主張，後者則沒有。有主見的人才會提問，而一昧跟隨他人邏輯的人，腦海不會浮現任何疑問。因此想增進孩子的提問能力，必須先培養孩子的邏輯思考能力。

但思考邏輯也有強弱之分。例如莎士比亞的喜劇《威尼斯商人》中，夏洛克本想按借據向安東尼奧索要他身上的「一磅肉」，但卻贏不了波西亞的邏輯——「一磅肉必須要是不摻一滴血的一磅肉」。最終，夏洛克只能因為無法在不流血的情況下割下對方的肉而作罷。正是因為波西亞的定義邏輯比夏洛克的法理邏輯更強，才有這樣的結果。提問也是如此，以縝密的邏輯為基礎，提出的問題也會更有力。

以下幾種閱讀方式，帶你活用邏輯閱讀法，培養孩子的提問力。

第一，請孩子找找故事中的「因果報應」。傳說故事基本都以因果報應法則為架構，因此閱讀傳說故事時詢問孩子事件的原因及結果，有助於培養孩子的邏輯思考能力。「沈清是因為善良才當上王妃的對吧？」、「大豆姑娘是因為心地善良才成為王妃，紅豆姑娘是因為壞心腸才被處罰的對吧？」如果孩子在你讀傳說故事給他聽時問這些問題，表示他已經發現了故事中的因果法則。但孩子沒問這類問題也不用擔心，家長可以透過「你覺得沈清成為王妃的原因是什麼呢？」這類問題來引導孩子。這時孩子若回答：「因為她很善良。」表示他的邏輯思考能力慢慢在增長。

第二，請孩子尋找隱藏在故事中的規則。蘋果掉落的方向，一直以來都是從樹枝下墜到地面，但只有牛頓由此發現了萬有引力；大家都在澡堂裡洗澡，但只有阿基米德發現了水的浮力；狗本來就會流口水，但只有巴夫洛夫透過狗的反應發現了制約反射的原理。

閱讀也一樣。「原來事件會反覆三次啊、總是會出現三兄弟呢、裡面的哥哥很貪心而弟弟很善良欸、傳說故事為什麼有這樣規律呢？」若孩子在讀傳說故事時詢問這類問題，那麼他也跟阿基米德一樣，以邏輯性的視角發現了規律。像這樣在書中發現規律，對讀者而言是莫大的喜悅。這份喜悅來源於對無形事物的發現，這也稱作抽象化喜悅。

第三，請孩子推敲證據的合理性。有時，他人不一定會贊同我們主張的意見。因為即便我認為這是「真的」，對方還是會懷疑究竟是真是假。這時若能舉證說明，能更有效地讓對方理解我的思考邏輯。證據是讓邏輯顯得更嚴謹的重要元素。寫論述型文章的作家，會在文中展現自己的見解，並拿出證據佐證其真實性。若一邊閱讀一邊尋找作家提出的證據，就能提升邏輯思考能力。舉例來說，假設今天有一篇提出「地球正邁向死亡」的環保議題文章，但孩子只是瀏覽一遍，不多做思考，那麼對於訓練邏輯思考能力就沒有幫助。此時家長可以透過提問，引導孩子尋找文中佐證作者觀點的證據。「要不要試著找找地球正邁向死亡的證據呢？」如此孩子便會尋找作家在文中舉證的事例，並確認是否屬實。這樣的閱讀活動能讓孩子的思考更有邏輯。

第四，尋找對照結構，有助於將內容視覺化，一眼看清邏輯架構。如果說直線式閱讀能將文本內容視覺化為線性架構，對照式閱讀則能將文本內容化為立體架構。將文本立體化能更清楚地看見文本的核心。舉例來說，《興夫傳》的故事是善與惡的二元對立架構。它的敘事雖是線性架構，但若將其立體化，可以看見文本被分為善與惡兩個對照結構。此外，象徵善的興夫，同時也代表了成功；象徵貪婪與惡的諾夫，也代表了覆敗與後悔。若整理出這樣的對照關係，馬上就能看見這篇童話的核心主旨——「善有善報，惡有惡報」、「勸善懲惡」。像這樣透過提問掌握對照架構，能訓練孩子探索因果關係的邏輯。能引導孩子探索對照架構的提問，有以下幾種。

①《大豆與紅豆》是什麼與什麼的對照關係呢？

答：「善良：壞心—幸福：不幸」

②《兔子和鱉》是什麼與什麼的對照故事呢？

答：「聰穎：愚鈍—成功：失敗」

③《湯姆叔叔的小屋》是什麼與什麼的對照關係呢？

答：「善良：殘忍」

④《傻子伊凡》是什麼與什麼的對照關係呢？

答：「謙讓：貪婪—成功：失敗」

提示　文學作品中的邏輯規則

——傳說故事：三次定律、遞增定律、遞減定律、因果報應定律、勸善懲惡定律

——偵探小說：反轉定律

——變形故事：蛻變定律

——寓言故事：隱喻定律

08

批判性閱讀，讓提問跳脫刻板印象

批判性思考能力並非與生俱來。我們都是在成長過程中經歷各式各樣的情境，看見或聽見家長及師長評價特定人事物的價值及特質後，逐漸培養起批判性思考。

人生在世，大家都有自己的想法。但仔細回想，大多數觀點都受家庭及社會灌輸的刻板印象及規範影響。但批判性思考能力較強的人不同，他們能夠切實地直面現實。他們會分析並評估他人的言語及想法，探求中立且公正的真相，活出正當又理性的人生。

心理學家黛安·F·哈爾彭（Diane F. Halpern）稱批判性思考為「恐懼的解藥」，並將其定義為「面對幾乎能以假亂真的事物時，能夠鑑別出巧妙隱藏在其中的假知識與假消息，並從中挑出所需資訊的關鍵武器」。她也曾表示：「人們若想獲得所需的結果，就必須學習批判性思考……人們的想法本就存在漏洞，正因為太多人沒機會好好學習批判性思考，才讓邁向公正社會、正義社會的路窒礙難行。」

也有些家長不喜歡孩子擁有批判性思考。他們會用「槍打出頭鳥」之類的諺語，建議孩子「走大家都走的路」或者「得過且過就好」。然而，若所有人都缺乏批判性思考，世界將不再發展。批判性思考能力強的人，隨時準備好打破既定框架。而世界一直都是由這樣的人發動改革並推動。

以下幾種閱讀方法，能培養孩子的批判性思考能力，進而提升其提問力。

第一，透過「邊讀邊懷疑」，訓練批判性提問能力。所謂邊讀邊懷疑，指的是對大多數人都習以為常的事實抱持懷疑態度。舉例來說，閱讀〈狐狸與烏鴉（又名：愚蠢的烏鴉）〉這篇伊索寓言時，家長可以透過下面這些問題，引導孩子進行批判性思考。

① 烏鴉真的很愚蠢嗎？
② 如果烏鴉有錯的話，他錯在哪裡呢？
③ 狐狸真的比較聰明嗎？狐狸哪些部分做得比較好呢？
④「愚蠢的烏鴉」這個名字適合這個故事嗎？如果由你來取名的話，你覺得什麼樣的名字更適合？
⑤ 如果像狐狸一樣的人變多了，我們的社會會變成什麼樣子呢？

第二，藉由紙本新聞或電視，培養孩子的批判性思考能力。在手機與網路普及的時代，各式新聞二十四小時全天播放。而不經思考就相信這類新聞的閱聽者，算不上聰明的新聞閱聽人。想在現代社會當個聰明人，必須能鑑別出假新聞及假消息，如此才能擺脫新聞文盲的命運。家長若想讓孩子的思想更具深度與廣度，就必須訓練孩子在接觸新聞及外界資訊時，抱持懷疑的態度。看新聞時，需要如下方所示，邊讀邊做判斷。

① 看新聞跟電視，找找是否存在與事實不符的地方。
② 確認是否有誇飾、偏頗，以及帶有偏見的內容。
③ 看廣告時，試著探究廣告的深層意涵。

第三，用「記者式閱讀法」訓練批判性提問能力。如果請孩子在看完書後，根據喜歡的程度幫它畫星星評分，孩子會不假思索地開始畫星星。但如果問他們為什麼喜歡、為什麼不喜歡，他們就不知該從何說起。之所以會出現這樣的現象，是因為孩子平時沒有嘗試過批判性閱讀。「記者式閱讀」是批判性閱讀的另一個名字。進行批判性閱讀時，家長可以透過以下問題增進孩子評價事物的能力。

①你會推薦這本書給你的好朋友嗎？

②你會想讀這個作家的其他作品嗎？

③這本書是否有趣到讓你想再讀一遍呢？

④你覺得世上存在像這個主角一樣的人嗎？

⑤這樣的事情在現實世界有可能發生嗎？

⑥你會想和這樣的孩子當朋友嗎？

09

邊讀邊判斷，讓提問更全面

人生的旅途上將不斷面臨選擇，無時無刻都需要做判斷。像是「要選什麼樣的學校？」、「要選哪什麼樣的工作？」、「要和什麼樣的人結婚？」這類需要判斷及選擇的事情，數之不盡。此時若無法做出明智的抉擇，人生就會走上彎路。說一個人過得好不好取決於判斷力的好壞，一點也不為過。然而，要做出好判斷有個前提，就是要能問出好問題。藉由自我提問與自己對話，才能做出好的選擇。

舉例來說，大學升學之際思考「我以後想從事什麼樣的工作？」選擇科系前問自己

「我喜歡什麼？擅長什麼？什麼東西能讓我始終保持熱忱？」會這樣自我提問的人，校園生活跟未來的人生都會過得更快樂。相反地，如果思考的問題是「我的分數能念什麼科系」，選擇的標準不是熱忱而是分數，這樣會覺得上學很痛苦，未來人生也容易偏離理想的軌道。因此美國「正確提問研究所」的丹．羅斯坦博士表示：「周全的判斷源於周全的提問；周全的提問源於周全的思考。」

以下幾種閱讀方法，能訓練孩子的判斷力，進而提升其提問力。

第一，透過閱讀偉人傳記，學習偉人的判斷能力。偉人之所以成為偉人並非因為運氣好，而是因為擁有良好的判斷力。地球歷史上沒有一位偉人是靠運氣收穫成功，他們都在面臨苦難時選擇了正確的道路。若沒有周全的判斷力，一切努力跟奮鬥都將白費。閱讀偉人傳記時進行下述活動，有助於訓練判斷力。

① 找出失敗的人物，探究他失敗的原因。
② 找出成功的人物，思考他成功的原因。
③ 在結果出來前，先進行預測。
④ 看到身處困境的主角時，先他一步思考解決方法。
⑤ 試想如果自己是主角，會做出什麼樣的抉擇。

第二，透過「法官式閱讀法」養成更周全的判斷力。文學作品通常由「角色間產生矛盾——相互厭惡——最終墜入愛河」的架構組成。閱讀這樣的作品時，不要被動地跟著敘事走，而是要運用法官式閱讀法，一邊閱讀，一邊判斷對與錯。這樣的閱讀方式能夠培養周全的判斷力。例如閱讀維克多·雨果的《悲慘世界》時，如果只想讓孩子了解劇情發展，其實不需要問孩子問題。但若培養孩子的判斷力，就需要運用下方這類問題引導。

「尚萬強為了救濟年幼的外甥偷了一塊麵包，因而受到審判。如果你是法官，你會做出什麼樣的判決？」

孩子聽到這樣的問題時，會在一番深思熟慮後，給出他的答案。像這樣進行多樣化、多方面的思考，有助於培養孩子的判斷力。

第三，與其他相同主題的書做比較，可以強化孩子的判斷力。有時，我們能透過電影的敘事方式認出創作者的國籍，意識到原來這是哪個國家的作品。舉例來說，縱使同是第二次世界大戰題材的電影，站在不同視角就會刻畫出不同的戰爭樣貌，因此德國人跟美國人敘事的角度自然有所差異。

就像這樣，即使書中講述的是相同的狀況或主題，也會因為作者不同而有不同的主張。遇到這類情況時，若只讀其中一本，想法容易被書中觀點左右，產生偏見。因此，最好閱讀多部以不同視角撰寫的作品。與相同題材的其他書做比較時，並不是對照著讀完就結束了。進行比較閱讀的最終目的，是要讓孩子整合不同的意見後，整理出自己的想法。熟悉這樣的閱讀方式後，孩子就能自己發覺書中隱含的深層意義，並且鞏固自己的觀點。而進行比較閱讀時，建議依照以下順序進行。

①搜尋探討相同事件的作品。
②從中挑選立場對立的作品，且兩者數量要相同。
③進行比較閱讀後，寫下兩者的不同之處。
④整理出自己更贊同哪個作者的哪些觀點，以及反對哪些觀點。
⑤總結自己的最終判斷。

10

創造性閱讀，讓提問更創新

「如果比爾蓋茲或賈伯斯出生在韓國會怎麼樣？」這樣的幽默調侃曾流行一時。對此人們會苦笑並回答：「應該上不了大學，只能去工地做苦工吧。」由此可知，韓國尚未成為一個適合孕育創意人才的土地，是大家公認的事實。

正如同植物需要生長在適合的土地，創意也需要萌芽在合適的環境。創意會在人類的大腦中萌芽，並在社會及文化脈絡的相互作用下茁壯。仔細觀察過去百年間的諾貝爾獎得主，可以發現ＩＱ高的人僅占極少數。被大眾稱為天才的愛迪生、愛因斯坦、莫札特、貝多芬、畢卡索等人並沒有超凡的高智商，在校成績也不是很好。他們之所以成功，是因為他們的父母及身處的社會環境能夠兼容他們具創造性的思想。

創意有個特性，就是它通常迸發於我們閒暇或休息的時刻。極度專注一段時間——無論時間長短——後，將事情拋諸腦後休息放鬆，此時乍現的靈感通常都充滿創意。類似這樣的名人逸事非常多。阿基米德的浮體原理、牛頓的萬有引力法則、愛因斯坦的相對論都是如此。

認知心理學家將遊戲及休息的時間稱為「孕育期」，稱靈光乍現的時刻為「頓悟期」抑或「豁朗期」。也就是說，休息時間等同雞孵蛋的時間，孵化出的成果，就是創造力。

提問也分為隨處可見的平凡提問，以及讓人眼睛為之一亮的創意性提問。其中創意性的提問更有機會能夠改變世界。

以下幾種閱讀方法，能培養孩子的創意，進而提升其提問力。

第一，和孩子一起閱讀後，給孩子自由發揮的時間。像腦力激盪一樣自由闡述自己的想法，有助於喚醒創意。腦力激盪也稱作頭腦風暴，像颳起風暴一般盡情揮灑任何想法。這時要注意，不對任何想法給予負面評價，也不要設下實用性及可能性的限制。

第二，請孩子閱讀無字繪本，自己編故事。繪本中有不少無字繪本。有些家長看到無字繪本會不知所措，害怕自己需要對繪本內容一一做說明。其實無字繪本反而能減輕家長的負擔。例如柳在守的無字繪本《黃雨傘》就能讓孩子輕鬆地創作屬於自己的故事。孩子們可以跟著圖畫想像故事，化身作家，感受創作的喜悅。在挑選繪本時，建議選擇故事性豐富的作品。

第三，讀完童話故事後，請孩子針對好奇的地方問問題。閱讀本就是具創造性的活動。創造性閱讀不再是被動地閱讀，而是要以自己獨到的方式理解作品。舉例來說，若在孩子讀完傳說故事《田螺姑娘》後，詢問孩子有什麼好奇的地方，每個孩子都會有不同的反應。有些孩子會說沒什麼想知道的事，但也有些孩子會問下列問題。

①田螺姑娘為什麼不住在豪華的龍宮，而是跑來窮困青年的家呢？
②田螺姑娘在來到青年的家鄉之前，都去過哪些地方、經歷了什麼呢？
③要不要試著幫勤奮的青年和田螺姑娘取個適合他們的名字呢？
④青年看到田螺變成田螺姑娘的當下，會擺出什麼樣的表情呢？
⑤如果青年沒聽田螺姑娘的話，會發生什麼事呢？
⑥如果是我遇見田螺姑娘，我會怎麼做呢？

對一切事物不感興趣的孩子，只會被動地、消極地閱讀。相反地，進行創造性閱讀的孩子，會對世間萬物抱持好奇。

第四，閱讀童話或小說後，請孩子試著創造不同的故事。根據看書、看電影的方式，大致可將讀者／觀影者分為兩種類型。一種是滿足於表面劇情的讀者／觀影者，一種是會問「還有沒有其他方法？」的讀者／觀影者。舉例來說，Lorris Murail的《開心玩耍課（Le Professeur de distractions）》中，出現了教導一心只想專心念書的孩子如何玩樂的情節。滿足於表面劇情的人只會覺得「內容真有趣」，不會有任何疑問。但會提出「還有沒有其他方法？」這類問題的人，則會思考有沒有其他有趣的課程，從中延伸出「美味飲食課」、「孝道實踐課」等各種各樣的點子。

11

邊讀邊解決問題，讓你找到人生的答案

美國第十六任總統亞伯拉罕·林肯從小習慣一邊閱讀，一邊思索如何解決問題。當書中主角遇見難題時，小林肯會仔細思考主角應該如何解決問題。這個習慣讓他在閱讀哈里特·比徹·斯托的《湯姆叔叔的小屋》時，浮現了一個疑問——該怎麼做才能讓黑人也能平等地生活？但他絞盡腦汁也找不到解決方法。

四十九歲的林肯當選美國總統時，美國正深陷黑白種族問題之中。在對黑人較寬容的北方與對黑人較殘忍的南方對峙時，林肯選擇站在北方那邊。南北戰爭一爆發，林肯就想到方法，能夠終結這個長久以來無解的難題。

「如果北方接受黑人入伍從軍，就能贏過只由白人組成的南方軍隊了。只要北方勝利，全美國的黑人都能迎來自由。」

這個消息讓黑人熱血沸騰，使他們勇赴戰場。最終戰爭以北方的勝利作結，黑人迎來了解放。這個被譽為史上最偉大功績的「黑奴解放」事件，可說是林肯的讀書習慣所結下的果實。

以下幾種閱讀方法，能增進孩子的問題解決能力，進而提升其提問力。

第一，閱讀他人成功及失敗的經驗談，並找出成敗的原因與結果。俗話說，「失敗為成功之母。」若要培養問題解決能力，必須以失敗為前車之鑑。例如《伊索寓言》的〈狼來了〉中，就蘊含了失敗帶來的教訓。「放羊的孩子最後沒辦法避開狼的原因是什麼？」、「如果不希望這樣的事情發生，可以怎麼做？」、「如果你是放羊的孩子，當狼出現的時候你會怎麼做？」在說完故事後依序問孩子這些問題，可以讓孩子更了解故事，並找到解決問題的方法。但如果只跟孩子說：「你要是說謊的話也會變成這樣。」對增進問題解決能力毫無幫助。

成功的故事則能讓孩子了解成功的法則。而思考「主角成功的原因」、「邁向成功的其他路徑」、「如果是我的話會怎麼做？」等問題與答案，將讓孩子的問題解決能力愈來愈紮實。

第二，透過「律師式閱讀法」拓展問題的深度。律師式閱讀法是在閱讀作品的過程中選擇一個人物，成為他的律師並給予他幫助。書中的主角們會遇到一個個難題，透過這個閱讀法，讓孩子試著扮演厲害的律師，協助主角及其周遭人物解決他們遇到的問題。以《悲慘世界》為例，可以假設情境為「尚萬強逼不得已行竊因而站上法庭時」，讓孩子化身尚萬強的律師。律師式閱讀法帶領孩子跳脫停留在表面劇情的被動式閱讀，邁向富創意且積極主動的閱讀體驗。此時，孩子的大腦將轉換成律師腦，切換為問題解決模式。家長們可以透過以下步驟，引導孩子進行律師式閱讀，訓練孩子的問題解決能力。

①在閱讀過程中發掘角色面臨的問題。
②審視該人物的問題解決方式。
③選擇一個人物並想像自己是他的律師，思考該如何替他辯護。
④思考作品中的人物為何會失敗，並找出失敗的原因。
⑤思考該怎麼做才能取得成功。

第三，跳脫刻板印象，就能看見合理的問題解決方法。帶著先入為主的觀念觀察事物，就好比戴著有色眼鏡，看不到事物及狀況的本質。戴著名為刻板印象的有色眼鏡，讓人無法以合理的方式解決問題。舉例來說，給五個孩子一盤披薩叫他們分著吃會發生什麼事呢？大人們通常會叫孩子們「相親相愛地平分」。但「平分」真的合理嗎？

五個孩子中，可能有來不及吃飯餓著肚子的孩子，也可能有剛吃飽飯肚子很撐的孩子。除此之外，可能有討厭披薩的孩子，也可能有怕胖不想吃披薩的孩子。在這樣的狀況下，平分五等分真的合理嗎？

將「分享」與「平分幾等分」畫上等號，就屬於刻板印象。不經批判性思考直接根據刻板印象處理事情，並不恰當。真正妥善的處理方式，應該是考量五個孩子各自的狀況後得出的方法。

刻板印象會誘導並侷限人們思考的方向，對於激盪靈感沒有幫助。若要想出好點子，就必須跳脫刻板印象的框架。

12

教師式閱讀法，讓你成為提問達人

「如果能自己出考題的話，如果用我出的題目來考試的話，我就能考滿分了吧……」

大家在準備考試的時候都這樣想像過吧？將這樣的想像實際應用在閱讀教育的就是「教師式閱讀法」。所謂教師式閱讀，是在閱讀的同時，探索學生們必須掌握的核心內容。要能如此，必須先熟讀書中內容，接著便能設計出讓學生歪頭苦思的題目。除此之外，也要設計一些隱晦的題目，讓沒有好好讀課本的學生不知所措。再來便是以學生的視角試寫一遍考題。這時若發現有找不到答案或答案模稜兩可的題目，就得果斷放棄那道題目。

另外，問題也分成多種類型。有考驗記憶力及理解能力的，較單純的問題；也有考驗思考、判斷及問題解決能力的複合式問題。「沈清會什麼要宴請盲人？」是關於記憶力的問題；「聽從僧侶說法的沈清，有著什麼樣的性格特質？」是關於判斷力的問題；「有沒有能讓沈清不必赴死也能治好爸爸眼睛的方法？」是考驗問題解決能力的問題。而出題內容也會根據出題者對書中內容的理解有多深、多廣而不同。

以下幾種閱讀方法，帶你活用教師式閱讀法，將孩子培養成提問達人。

第一，閱讀過後，請孩子試著站在老師的角度出題目、問問題。另外，也要讓孩子在出完題後想像答題者作答的樣子，藉此訓練孩子的同理能力，讓他試著感受並理解答題者的立場。這種換位思考的經歷能激勵孩子努力設計出更好、更合適的問題，進而提高孩子閱讀時的專注力。

第二，請孩子試著回答自己設計的題目。讓孩子在出完題後以學生的視角回答問題。這時若發現有找不到答案或答案模稜兩可的題目，就得放棄那道題目。

第三，讓孩子活用重點式閱讀策略，並設計重點問題。考試的目的在於考驗答題者對核心重點的掌握度。選擇題是將重點與不重要的內容混在一起，讓考生選出重點；主觀判斷題則要讓考生抓出重點，無論答案寫得多長，若沒切中重點就沒有分數。熟悉重點式閱讀的孩子們，將能提前推導出考試的重點，因此學校成績也會一併提升。

第四，當孩子想出好問題時，不吝於給予稱讚。能刺激答題者思考的題目就是好題目。例如孩子讀完《興夫傳》後，可能會想到「興夫跟孬夫誰更善良？」以及「燕子的財寶為什麼只給興夫不給孬夫？」之類的問題。前者是有固定答案的封閉式問題，對於刺激答題者腦部發展沒有幫助。相反地，後者為開放式問題，存在多種答案，能夠促使大腦活躍起來。接收開放式問題後，大腦會動員背景知識及思考能力，找出可能的答案。此時孩子能想出的答案數量，也會根據自身思考能力有所不同。富有想像力及創意的孩子們，將能創造多種獨特又多元的答案。

3

閱讀十二種書籍
適用的
提問方法與時機

每本書都蘊含著一個核心問題。
閱讀便是探索那個問題的過程。
探究書中提出的問題並尋找答案，
就是閱讀的樂趣所在。

01

詩與童詩：如賞月般感受詩詞本身的美

詩不像童話和小說一樣有劇情，也不像歷史及科學書籍一樣富含知識。詩是傳達情感、感官、意象的藝術。詩是以文字為媒介作畫，因此在讀詩時，讀者也要在腦中作畫。讀詩時，即使和朋友坐在一起閱讀相同的內容，也會各自描繪出不同的畫面。因為讀者們會根據自身的想像力及感官能力，從詩中發掘出不同的風景。

詩為人類的言語加上了韻律。平時會讀詩、背詩的人，說話語調柔和且有節奏；不讀詩、不背詩的人，語調則較生硬。這正是因為詩賦予言語韻律。

正因如此，引導孩子鑑賞具獨特美感的詩與童詩時，也需要運用特別的提問方式。

第一，在孩子閱讀作品前或者閱讀的當下，不問問題也不做說明。在閱讀前及閱讀中說明或提問，會讓孩子帶著先入為主的印象看待作品，阻礙孩子發揮鑑賞能力，影響孩子對作品的感受。尤其在讀詩前告訴孩子詩人的經歷及趣聞，會阻礙孩子增進鑑賞能力。因為必須拿掉有色眼鏡，才能盡情發揮欣賞詩作時最重要的能力——掌握感覺與氛圍。

第二，讓孩子全然沉浸在作品所帶來的感受及氛圍。例如請孩子將詩讀出來，並針對詩中的場景、聲音、氣味等提問。這時家長和兄弟姊妹也一起加入，效果會比孩子獨自一人閱讀更佳。比較彼此感受上的差異，能讓閱讀更加有趣、更有深度。

第三，請孩子在閱讀的同時，於腦海裡描繪詩中場景。這時孩子腦中描繪的畫面，會依據想像力豐富程度有所差異，因為想像力影響了孩子將文字轉換為圖像的能力。想像力豐富的孩子，能在腦中刻畫出精緻且蘊含大量劇情的豐富畫面；但想像力不足的孩子，只能簡單描繪出單調枯燥的畫面。這種關於繪畫的想像力，賦予孩子引人入勝的表達能力，他的言語及文章能讓人彷彿身歷其境。

最後，不要藉提問引導孩子查詢詩中字詞的辭典意義，或分析作品結構。這種讀詩方法如果以德國詩人海涅的觀點來看，就像是在「對月咆哮，徒勞無功」。鑑賞詩與童詩時，就該像賞月一般，感受它本身的美。

然而，韓國教科書及課本，一直以來都把詩詞一字一句解剖、分析，並拿來考試，問學生詩中生詞及句子的意義。大概就是因為這種錯誤的讀詩教育，讓很多人都產生了「詩很難理解」的印象。欣賞詩作最好的方法，就應該像欣賞天上的月亮及庭園裡的花朵那般，觀賞並感受它自身的美麗。

02

繪本：了解創作的喜悅

在繪本的宇宙中，圖畫是主角，文字則是配角。繪本裡推進故事的是圖畫，帶來感動與感受的也是圖畫。但圖不會說話。它就像恬靜的大自然一樣，帶著微笑默默迎接讀者的到來。

繪本是最能促使大腦進行語言推敲的書。在翻開繪本看見圖的瞬間，讀者就會在腦中進行想像、推敲、判斷，並創造故事。此時，不同讀者想像出的故事各有不同。想像力愈豐富，想出的故事就愈有趣，敘事架構也愈複雜。閱讀繪本並創作故事的過程，將為孩子們帶來無限的快樂。因此在這樣的脈絡下，要求孩子們看繪本時先從文字讀起，並不符合繪本的閱讀邏輯。從圖畫中探索故事才是正確的閱讀方法。

和尚不識字的小朋友一起讀繪本時，建議遵循下列閱讀步驟與原則。

第一，請孩子先看封面，猜猜書中將展開什麼樣的故事。記得要耐心等待，直到孩子分享自己想像的故事後，再對孩子說：「讓我們看看裡面究竟講了些什麼吧！」並翻開書開始閱讀。

第二，請孩子一頁頁閱讀，並將看到的內容轉為故事講述出來。

「這裡的圖在說什麼樣的故事呢？」

與其由家長直接一頁頁讀給孩子聽，不如用這樣的方式引導孩子想像。由家長單方面唸繪本給沒有閱讀能力的孩子聽，就跟填鴨式教育一樣難以消化又無趣，內容也不會留在孩子的記憶裡。

第三，讀完最後一頁後，讓孩子拼湊各個場景的劇情碎片，自己編寫故事。

第四，聽完孩子的故事後，再由家長將繪本內容讀給孩子聽。

「那我們現在來看看作者寫的故事吧！」

家長開始唸繪本中的文字後，孩子會在腦中將自己的故事與作者的故事混合，創造出新的敘事。這樣的過程就如同寫作中的補充完善階段。透過這樣的過程，繪本的劇情也就此完成。

第五，請孩子將自己創作的故事講給其他人聽。讀完繪本後，請孩子把故事說給爸爸媽媽、爺爺奶奶等親朋好友聽，能讓孩子再次感受到創作的喜悅，提升自尊。這時，記住要讓孩子自己決定想要講給誰聽。想出故事後是講給其他人聽，還是自己默默珍藏，會帶來不同的效果。將自己創作的故事講給別人聽，能帶來加倍的快樂，且「反芻」過後，故事也會在記憶中停留更久。不僅如此，體會到這份喜悅的孩子，也會成為繪本專家。

最後，若孩子在翻頁時詢問「這是什麼？那是什麼？」，可以依照以下原則應對。若孩子詢問之前沒看過的物品名稱或用途這類有助於理解書中內容的問題，可以馬上回答；若孩子詢問原因、理由或結果這類有關劇情結構的問題，可以之後再回答。這樣才能讓孩子從頭到尾專注於書中內容。

「這個啊，我們先看到最後吧！看看後面會怎麼說。」

以這樣的方式回答孩子的問題，將讓孩子閱讀時更加專注。

03

傳說故事：領悟人生法則及智慧

傳說故事是人類以口述傳承下來的共同財產，記載著人生在世會遇到的問題及其解決之道。其中包含了過上幸福生活的秘訣，尤其還有走上成功之路所需的智慧，因此也被譽為兒童教育的寶庫。

這類傳說故事適合當作睡前故事，適合讀書讀累了拿來解悶，也適合在零碎的時間、想轉換氣氛的時候、想學習教訓的時候、旅行的時候翻閱。

所有傳說故事都可以總結為一場探索之旅。在這段旅程中，主角即便不知道該去哪裡、該怎麼做才能找到成功與幸福的寶藏，卻仍不放棄尋找。傳說故事的主角將歷經三階段的陷阱：第一階段是象徵飢與渴的口腹之欲；第二階段是象徵美色的性慾誘惑。第三階段則是解謎的形式，基本上是主角設法讓國家或社會免於危難的情節。

以現代方式詮釋傳說故事中的這三種陷阱，就是「物質的考驗」、「性慾的考驗」、「發揮創意解決問題的考驗」。傳說故事中的主角通過這三個考驗後，就能邁向成功與幸福。

傳說故事的架構正是人生旅途的縮影。我們偶爾能在報紙上看到的收賄事件、貪腐事件，就是無法戰勝物質的誘惑，落入第一重陷阱的不幸狀況；知名人士因為性醜聞一夜之間名譽掃地，則是無法跨越性的誘惑，落入第二重陷阱。

但很多人即便通過了前兩個陷阱，也會在第三個陷阱——問題解決階段失敗。在需要因應社會變化、隨時做出抉擇與判斷、以自己的主見來解決問題的人生中，若想獲得成功，必須擁有能夠發揮創意解決問題的能力。能趁孩子年紀還小時教導他們如何順利跨越這三個陷阱的，就是傳說故事。

在閱讀傳說故事時，建議透過下列方式引導孩子思考。

第一，透過問題引導孩子比較過去與現代的差異。傳說故事的背景與現代十分不同。因此孩子必須對時空背景上的差異有概念，才能了解過去和現代在習俗及制度等面向上的不同，進而理解故事。

第二，請孩子找找反覆出現的場景。傳說故事為了強調特定的思想或價值，會讓一些對話及情節反覆出現。透過尋找這樣的內容，能讓孩子察覺故事的主旨。例如《太陽與月亮》中，媽媽接連越過第一座山、第二座山，再到第三座山，反覆出現越過山頭的情節。而每翻過一個山頭，老虎就會對可憐的媽媽說：「只要給我〇〇我就不吃掉你。」不斷重覆。尋找這樣的反覆句，有助於掌握故事主旨。

第三，請孩子尋找故事中的對照結構。傳說故事中通常存在對照的結構，像是人物的對照，以及原因與結果的對照。閱讀傳說故事時，若無法找出對照結構，就無法理解故事主旨。所以閱讀時，記得要讓孩子尋找相對立的元素。例如《興夫傳》是寬容與貪婪的對立；《大豆與紅豆》則是善與惡的對立。

第四，請孩子發掘故事中的遞進結構。傳說故事中通常存在遞增或者遞減的結構。例如傳說故事《一粒小米》中，青年準備赴漢陽考科舉時，身上只剩下一粒小米，但在路上透過以物易物，獲得愈來愈多東西。發現這樣的遞進結構是閱讀傳說故事的一大樂趣。

第五，透過提問引導孩子換位思考。「如果是我的話會怎麼做？」透過這類問題讓孩子站在角色的立場思考，孩子將能更清楚地了解主角的心境與判斷。

第六，透過提問引導孩子創造不同的結局。有些在孩子重寫故事的結局時，能將故事編寫得更有模有樣、更有趣、更刺激，也會在劇情中加入其他小巧思，讓故事更有意思。這樣的孩子很會寫故事，能寫出有趣又富創意的文章。

第七，透過問題引導孩子探索主角成功及失敗的原因。讀傳說故事只停留在表面劇情是沒有意義的。閱讀傳說故事時最重要的，是找出主角成功與失敗的原因。

第八，調整回答孩子問題的時機。年幼的讀者在閱讀傳說故事時會問很多很多問題。其中最常出現的是針對陌生事物的提問，例如籮筐、背架、螭龍這類陌生物品或詞彙。孩子提出這類疑問時，可以馬上回答他們，因為在不知道的狀況下繼續閱讀，會阻礙孩子理解故事內容。然而，若孩子問的是「那接下來會怎麼發展呢？」等等有關劇情的問題，先不要立即回答，而是要跟他們說「讀到最後就會知道啦！」讓孩子養成專注到最後的習慣。

04

漫畫：體會寫作的樂趣

漫畫是勾勒人類夢想並將其視覺化的藝術。人類夢想翱翔天際，因此發明了飛機，而這個夢想最初就是以漫畫的形式呈現。漫畫具有能夠即時帶來視覺享受的便利性，因此深受大眾喜愛。尤其在不擅長閱讀文字的小孩及不喜歡閱讀文字的人之間十分受歡迎。

童話和漫畫傳達的故事劇情沒有太大的差異，可是大腦接收兩者訊息的方式截然不同。例如在形容階伯將軍的模樣時，童話故事會以「階伯將軍身穿閃耀的鎧甲，威風凜凜地躍上駿馬，好似離弦之箭，飛速奔向敵營」來描述，結合數個詞彙建構出完整的句子。但漫畫只需用「咻——」一個擬聲詞呈現。還有童話故事寫出「百濟軍隊士氣高昂地衝向黃山伐」時，漫畫只需用「哇！哇！」來描述。再舉個例子，當童話故事以「階伯將軍壯烈犧牲」記述將軍的結局時，漫畫只用「呃啊——」一個擬聲詞就結束了。

由此可知，對孩子而言童話故事及漫畫書的功能不同。閱讀漫畫時，學習詞語的機會較閱讀文字書時少。不僅量減少，質也降低不少。以前面提到的故事為例，「威風凜凜、駿馬、士氣高昂、壯烈犧牲」等詞彙的程度比「咻、哇、呃啊」更高，在閱讀及寫作時也更有用。

另外，兩者對想像力的要求也不同。例如《希臘羅馬神話》中有一句，「阿芙蘿黛蒂揚起神秘的微笑。」孩子們在讀到這句話時，會想像神秘的微笑是什麼樣子，並試著擺出一樣的表情。然而，看漫畫時由於書中已經用畫呈現出阿芙蘿黛蒂面帶神秘微笑的模樣，因此讀者不需要特別想像或者擺出相同的神情。漫畫中的圖畫雖然能幫助孩子理解，卻無法帶動孩子的想像力。

因此長期閱讀漫畫的讀者，發揮想像力的機會愈來愈少。若想像力無法提升，會開始讀不進需要發揮想像的作品。換句話說，長期閱讀漫畫的讀者只能一直停留在沒有圖畫輔助就無法閱讀的新手讀者階段。

因此也有研究結果指出，兒時一直看漫畫遲遲未開始閱讀文字的孩子，做事不太會深思熟慮，目光短淺，日常的想法及行為草率敷衍。除此之外，若生活不像漫畫一樣順利，他們很容易就會陷入絕望。

不過只要運用正確的閱讀及提問方式，就能將漫畫的缺點轉為優點。能將漫畫的教育劣勢轉為優勢的提問方式如下。

第一，請孩子將漫畫中的擬聲詞及擬態詞換成詞彙及句子。例如，讓孩子將漫畫中的擬聲詞「咻」改為其他詞語及句子時，孩子會用這樣的文章描寫。「將軍拉弓後，手上的箭發出尖銳的聲響快速飛向敵軍。」

漫畫中有大量「啊、呃啊、呼嚕嚕、咚咚、踢躂踢躂」等擬聲詞。書中出現這樣的場景時，千萬不要只是看過去而已，要請孩子將這個畫面描述成更仔細、更生動的故事，並讓孩子試著將故事寫下來。比起讓孩子無中生有構思文章，以漫畫劇情為基礎寫作會更容易，且更有趣。因此請孩子看著漫畫寫作時，不少孩子都會說，「寫作根本就是小菜一碟。」

第二，請孩子將漫畫改編成童話。請孩子在看完漫畫後，試著將故事改編成一篇童話故事。進行這樣的活動，會讓孩子們覺得寫作既簡單又有趣，藉此感受寫故事的樂趣。而這就是創作的喜悅。

孩子一旦感受過創作的喜悅，就不會再害怕寫作。覺得開心就會一直去做，一直去做就會愈做愈好。在這樣的原理下，孩子的寫作實力便會逐漸提升。

05

原創童話及小說：學習豐富的經驗

世上所有書大致可分為兩種類型，一種是帶來知識的書，一種是帶來愉悅的書。若說帶來知識的是課本、辭典之類實用的工具書，那麼帶來愉悅的則是文學作品。如果說知識類書籍追求的是事實，那文學作品追求的就是真實。追求事實抑或追求真實，依據這個標準，又可以將書分為非文學及文學兩種類型。

而文學中，又屬原創童話及小說最為具體地展現了人生百態。文學並非將人生的樣貌原封不動地照搬進書中，而是將深刻的真相融入「彷彿真實存在的世界」並展現出來，讓人意識到人生的真實面貌。如果原創童話是教導孩子何謂人生的文學，小說便是教導青少年及成人何謂人生的文學。所以最適合原創童話及小說的問題，是與現實生活息息相關的問題。

閱讀原創童話及小說時的提問原則及時機如下。

第一，閱讀前不要灌輸孩子先備知識，也不要問孩子問題。先備知識可能讓孩子對作品有先入為主的印象，而事前提問會誘導孩子在鑑賞作品時往提問者所想的方向思考。兩者皆會削弱閱讀文學作品時的愉悅及感動。

第二，要讓孩子集中注意力，一口氣讀完。若心不在焉，只有身體浸潤在書海，大腦卻在思考其他事情，就無法收獲閱讀的快樂，也不會被觸動。必須專注地閱讀才能迎來快樂及感動。讀到一半就休息，或者收起來幾天後再讀，會打斷故事的節奏，削減作品帶來的感受。

第三，閱讀時讓感性先行，而非理性。理性思考會讓人不斷衡量內容是不是事實，究竟是對還是錯。閱讀原創童話及小說時，不需要像公民老師一樣帶著理性的目光，而是要以感性的視角閱讀。感性追求的是對好惡、美醜的感受，感性是主觀的、全然個人的。愉悅及感動並非源自於客觀或集體認知，而是源於主觀及個人感受。一定要牢記在心。

閱讀知識類書籍就像鳥類捕食一般，必須時刻保持警惕，不斷比較、分析，並保持客觀。因為閱讀知識類書籍的目的，是觸碰知識的核心。相反地，閱讀文學作品時，必須卸下理性的武裝，沉浸在其中，感受文學帶來的震撼。面對文學時必須將自己敞開。

第四，引導孩子在閱讀時將自己代入書中主角。閱讀時，讀者最先接觸的就是書中角色。劇情至少要讀到一半才能逐漸看清，主旨則要整本讀完才會豁然開朗。但主角在一開始就登場了，而且推動整部作品，促使讀者讀到最後的也是主角。如果不代入主角，閱讀的快樂就會減半。正是因為我們將自己代入角色，所以角色成功時我們也會感到喜悅。而這樣的喜悅也是促使我們閱讀到最後的動力。

第五，引導孩子邊讀邊想像。想像力是作者與讀者間的橋樑。讀者需要發揮想像力才能觸及作者的所思所想。因此，想像力不足的讀者與想像力豐富的讀者在閱讀文學作品時，觸及的深度及廣度也會有所差異。作者不會點明作品的主旨，只會在劇情脈絡上透過事件、對話及人物性格給予暗示。因此讀者在閱讀文學書時，必須發揮想像力探究其中的線索。文學由想像力創造，並透過想像力傳遞。文學是建立在想像之上的作品。

06

寓言故事：理解比喻及象徵

《伊索寓言》最初是以「伊索故事」這個名稱被收錄進朝鮮學部*於一八九六年編訂的韓國首部新式教科書《新訂尋常小學》中。在那之後的一百二十多年間，《伊索寓言》一直是教科書及童書中常見的素材，對韓國兒童價值觀的形塑有著莫大的影響。

寓言故事具有高度的象徵性，對孩子們來說屬於較難理解的讀物。然而，目前在韓國有四百多篇寓言故事被當作兒童教育讀物使用。寓言故事被普羅大眾當作教育讀物也有它的道理。寓言故事在短短的篇幅中承載了具深度的主題。由於教科書的頁數有限，而寓言故事能在最短的時間內教導孩子最深的寓意，因此成了教科書的固定班底。

韓國國內出版的寓言故事集，適讀年齡從三四歲橫跨到成人。我曾在〈伊索寓言對韓國文學之影響研究〉中指出伊索寓言不適合用作幼兒及國小低年級學童的讀物。這便是考量到寓言故事所蘊含的高度象徵性。就語言發展階段來看，三至四歲的孩子尚處於無法理解象徵與隱晦意涵的幼兒期。幼兒處於前運思期，只能理解用以描述具體事物——看得見、摸得著得事物——的具體語言，因此他們很難理解寓言中的象徵及隱晦意涵。必須等到十歲左右，抽象思考概念開始發展後，他們才能理解象徵的意義及隱晦的表達。

陪伴孩子閱讀富含比喻及象徵的寓言故事時，必須使用特別的提問方法。

＊譯註：朝鮮末期掌管學務行政的中央機構。

第一，請孩子找找現實生活中有沒有跟寓言故事相同的情況。例如閱讀《貪心的狗》時，建議問孩子以下問題。

「人也會跟貪心的小狗一樣覬覦別人的東西吧？」

那麼孩子就會想像貪心的小狗來到人類世界的樣子，尋找和牠相似的範例。這樣的活動能將抽象的想像融入具體的現實，幫助孩子理解抽象的故事。

第二，請孩子找找寓言故事中的動物和哪些現實人物相似。

「現實生活中有誰跟貪心的小狗一樣，總是覬覦別人的東西呢？」

聽到這樣的問題後，孩子們會先想到自己，再思索周遭有沒有常常這麼做的朋友，最後說出那個人的名字。

最後，詢問孩子寓言故事的主題。「這個故事在講什麼呢？」「用一句話說說看作者想講的話吧！」藉由這類詢問故事核心概念的問題，引導孩子思考。若孩子說得太長，或者說一些與故事主題無關的內容，就代表他目前尚不具備讀懂寓言故事的能力。

假如在小學一年級的孩子們讀完《貪心的狗》後，詢問他們故事的中心思想，會得到下列答案。

「吃東西要在家裡吃，不能在路上吃。」

「不能在吃東西的時候看其他狗狗。」

「要小心不要掉到河裡。」

在這樣的狀況下，必須先提升孩子的閱讀能力，再讓他們讀寓言故事。因為對寓言故事的理解若有誤，可能導致孩子價值觀混亂，帶來反效果。

07

偉人傳記：踏上自我成長的旅程

所有童書都具有成長故事（Initiation story）的性質。其中又屬偉人傳記最能撼動人心。一般來說，偉人傳記以「分離——考驗——成功——歸途」四個階段組成。基本的故事架構為「不成熟的孩子離開安全的港灣，受到生命威脅，並在各種試煉中勇敢地與敵人搏鬥，最終立下功勞，衣錦還鄉」。但若主角打從一開始就是個超凡的孩子，傳記故事的效果會大打折扣。愈是不凡，效果愈差。相反地，若主角是普通的，甚至比普通更差的孩子，他的成長故事就能為小讀者們帶來更大的感動。

然而反觀韓國的偉人傳記，似乎都是「天才型偉人傳」，與前述偉人傳記應有的特性背道而馳。韓國的偉人傳，幾乎都被營造成出身名門且擁有姣好外型及聰穎頭腦的孩子獲得成功的故事。雖然也會描寫像姜邯贊將軍一樣其貌不揚的孩子、像韓石峯一樣出身寒門的孩子迎來成功，但一定有個前提條件——他們都是沒落貴族的後代。

這些天才型偉人傳帶給孩子的是挫折，而非通往成功的借鏡。這樣的故事容易讓非富貴家庭出身的孩子、不是天才或神童的孩子、沒有姣好外貌的孩子感到挫折及自卑，早早放棄夢想。除此之外，也可能讓家境優渥、頭腦聰明的孩子，在失去這些優勢後輕言放棄。

這讓人不經思考，因大學升學失利而放棄生命、放棄夢想、陷入徬徨的案例，是否就和天才型偉人傳有關。

西方的偉人傳記則與韓國截然不同，多以普通孩子或後段生成功逆襲的故事為主。又醜又窮的林肯和安徒生、學校成績太差被退學的愛迪生、成績單上被老師寫下「這個學生絕對無法在任何領域獲得成功」的後段生愛因斯坦、窮小孩卡內基等無數偉人，都被描繪成窮困且其貌不揚的劣勢者。

兒童心理學觀點指出，和自己差不多或者比自己更弱勢的孩子邁向成功的故事，能為年幼的讀者們帶來勇氣。因此就這個觀點來看，天才型偉人傳並不適合孩子們閱讀。

考量偉人傳記的上述特性，建議閱讀這類書籍時，採用特別的提問方式。

第一，透過提問，引導孩子了解主角生活的時代。了解主角生活的年代是了解主角的第一步。不了解主角所處的時空背景，就無法理解主角。舉例來說，閱讀林肯的傳記時，若不了解一九八〇年代美國存在奴隸制度的背景，就無法理解林肯的偉大之處。閱讀偉人傳記時，需要像這樣以對話引導孩子充分了解主角所生活的背景與環境。

第二，透過提問，引導孩子探索主角成為偉人的動因。閱讀偉人傳記時，只流於故事表面，對孩子的成長沒什麼太大的幫助。必須讓孩子發覺主角從平凡的孩子成長為偉人的動機。舉例來說，閱讀「世宗大王」的傳記時，應該讓孩子了解世宗大王「創造韓文的原因」，而非只要求他記住世宗大王「創造了韓文」這件事。而閱讀「李舜臣將軍」的傳記時，李舜臣將軍打造龜甲船的事實固然重要，但更關鍵的是「為什麼要打造龜甲船」。故事中不會直接點明這些動機，讀者必須動員思考能力主動尋找，且每位讀者找到的結果不盡相同。尋找成長的動因，是閱讀偉人傳及傳記故事時最重要的核心。

第三，問孩子：「如果你想成為偉人，需要做出哪些改變呢？」閱讀偉人傳時，單純看完偉人如何度過一生，並沒有太大的用處。能對小讀者的人生帶來影響的才能算得上好書，才稱得上有效閱讀。若想讓偉人傳記對年幼的讀者帶來深刻的影響，必須透過提問引導孩子將自己代入主角。這樣的提問將為孩子奠定省思自身、向偉人看齊的基石。

08 歷史類書籍：提升洞察力

探討歷史的文學及電影之所以珍貴，是因為它們將過往的面貌重現於現代社會。透過歷史的重現，讀者／觀影者意識到以前的人同樣懷抱著悲傷及希望，同樣會面臨冒險及絕望，知道他們的人生也和我們一樣。同時也會明白，古人的生活和我們的生活緊密相連。

這樣的覺察能讓孩子們體悟到，原來自己也存在於歷史的洪流之中，是社會及國家的一份子。阿諾德・湯恩比（Arnold Toynbee）曾提出，「人類最大的悲劇在於無法從過往的歷史學到任何教訓。」藉此強調歷史的現代性意義。

在這樣的脈絡下，學習歷史、閱讀歷史小說的目的絕非要我們死記硬背歷史知識，而是要培養我們對歷史的想像，讓我們以過去為鑑，解決當今的問題。為的是讓我們洞察歷史，從中汲取養分灌溉自己當下的人生。

探討歷史的小說及電影，能帶領讀者／觀影者回顧實際存在過的歷史。這樣的閱讀／觀影體驗能為重視合理性的五、六年級學童及青少年帶來樂趣。歷史題材的小說與電視劇能藉由過往歷史，培養孩子的歷史觀及歷史思維。舉例來說，《夢實姐姐》雖然不是歷史小說，但它以日治時代為背景，描寫可憐的主角夢實經歷韓戰的艱苦生活，切實地喚起了讀者對歷史的思考。若要求小孩子閱讀韓國近代史，他們不僅會覺得難以理解，還會失去閱讀的興致。相反地，閱讀《夢實姐姐》時，反倒能讓孩子透過主角夢實的人生，更具體地感受、體會那個時代的社會及歷史。

想透過閱讀歷史書籍或者鑑賞歷史小說及歷史劇來培養歷史思維，就需要一雙能洞察歷史的雙眼。而以下提問方式，將啟發孩子們洞察歷史的能力。

第一，透過提問，引導孩子區分真實與虛構。

「你覺得這本書裡哪部分是真實事件，哪部分不是呢？」

此時孩子們會依照自己的想法指出書中發生的各個事件。事實上，孩子能否精確地區分真實與虛構並非重點。重要的是透過這個問題，讓孩子意識到書中可能同時混雜著真實與虛構事件。歷史記錄著事實，但歷史不像教學日誌，它不是依時間序一一記載，而是歷史學者取捨後篩選出的內容。閱讀或觀賞歷史書籍與電影時，不能無條件地相信其中的內容。這是缺乏歷史思維才會犯下的失誤。抱持懷疑的態度面對歷史，才能增進歷史思維能力。

第二，透過問題，引導孩子比較歷史中的史實與現代社會的現實。歷史只在對現代社會具意義時才有價值。我們必須努力從過往歷史中發掘它對現代社會的意義。除非你是因為好玩或為了打發時間才閱讀歷史。就好比準備大學升學考試的學生之所以拚命寫考古題，是為了提前熟悉正式考試時可能會出現的題目。看過很多歷史書籍與電視劇的人，就如同寫過很多考古題的學生，對現實的適應能力非常強。

第三，透過提問，引導孩子以歷史為基礎預測未來。

「你讀完萬曆朝鮮之役和丙子戰爭之後有什麼想法呢？」

「如果你是當時的君王，會做出什麼樣的決定呢？」

「如果你是現在的總統，會制訂什麼樣的政策呢？」

這些問題對小孩子來說可能有些困難，但歷史書籍的讀後活動若缺乏思考機會，又有什麼意義呢？

09

科學類書籍：培養科學思考力

科學知識量與科學思考力的成長並非正比關係。我們周遭有許多人像百科全書一樣背了很多科學知識，卻完全不知道如何將知識應用於現實生活。因此各界也開始反思並批判現行的科學教育，一直以來只教導孩子們科學知識，卻沒有培養他們的科學思維。

孩子們對自己所生活的世界充滿好奇。

「大海為什麼是藍色？」、「秋天的天空為什麼更高、更藍？」、「為什麼太陽下山的時候天空會變成紅色？」、「鄉下的星星為什麼比首爾的星星更大、更亮？」、「葉子為什麼是綠色？」、「為什麼彩虹有七種顏色？」、「人為什麼會做夢？」、「人為什麼會死？」

孩子們的好奇心沒有盡頭。無論是以前的孩子，還是現在的孩子，都帶著科學視角觀察世界。但孩子的科學思維會隨著成長而消失，轉而滿足於那冰山一角的科學知識，甚至還會覺得科學太艱澀而討厭科學。為什麼人會在長大的過程中失去科學思考力呢？

問題就出在現今的科學教育。目前的科學教育認為，只要讓孩子背誦前人證明出來的知識就足夠了。然而一味背誦他人留下的知識，不管是誰都會覺得乏味。所以擁有科學思考力的孩子才會對科學課失去興趣，說自己「討厭科學」。

如果想培養孩子的科學思考力，可以透過以下提問方是引導孩子。

第一，透過提問，讓孩子對事物抱持懷疑。「為什麼？」、「要是用另一種方式呢？」、「如果這樣的話？」當孩子問自己這樣的問題時，大腦會積極地發揮科學思考力。

第二，透過提問，引導孩子以事實為根據進行思考。例如，當孩子好奇「人為什麼開始用兩隻腳走路？」時，回答「因為人比動物聰明」或者「因為神偏愛人類」的話，只能帶給孩子具童話、宗教色彩的想像，無法養成孩子的科學思維。「因為嘗試用兩隻腳走路後，發現受地球重力影響更小，覺得更舒適」還有「因為要用雙手做其他工作，所以改用兩腳走路」才是科學思維框架下的回答方式。

第三，透過提問，引導孩子保持客觀視角。一直以來折磨並迫害科學家的觀念及行為，都是在非科學下誕生的產物。像是「獵巫」、「宗教裁判」這類審判都是非科學思考的案例。

第四，利用提問打破刻板印象。放下所有問題都只會有一個答案的刻板印象，是培養科學思考力的捷徑。遇到一個問題只思考一種答案，這樣的人沒有創造力，也沒有發展性。

最後，透過問題，引導孩子發現日常生活中的科學現象。將科學套用在現實生活中，問題便能迎刃而解。牛頓、阿基米德、巴夫洛夫全都是在日常生活中找到問題的答案。這正是因為科學的內容全都與自然現象及現實生活息息相關。

10

經濟類書籍：打造富足的人生

假設你現在要從大透天搬到小公寓，有很多東西帶不走，其中有一張漂亮的大餐桌是你兩年前花一百五十萬元（韓幣）買的，但小小的公寓裡真的放不下，只能寄放在朋友家的倉庫。這時，如果有人願意出五十萬元（韓幣）買下，你會怎麼做？

大家在面對這樣的狀況時會怎麼做呢？針對這個問題進行調查後發現，主要有兩種回答。

一種是，「花一百五十萬買回來的怎麼能賣五十萬？先留著等搬到大一點的地方後繼續用就好了啊。」

另一種是，「五十萬嗎？雖然價格低了一點，但這張餐桌曾帶給我們的快樂換算下來值得一百萬的話，能賣五十萬也不錯了。如果一直堆在倉庫最後發霉的話，連五十萬都賣不了。」

你是哪一類人呢？第二種思維被稱作邊際主義（Marginalism）。這個經濟學概念融入了「過去的事已經過去」的經濟思維。也就是認為這段時間的使用體驗及擁有的喜悅值得一百萬元，因此以五十萬元的價格賣出是明智的選擇。而那一百萬元，就被稱作「精神所得」。既然已經享受過它帶來的快樂了，現在能以五十萬元賣出也不錯。

像這樣思考並確認自己是否充分發揮經濟判斷力，就是對經濟思考力的訓練。所謂經濟思考力，就是探究所提出的解決方案是否合理的能力。

家長們都希望孩子能過上經濟富足的生活。而與經濟富足密不可分的，就是經濟思考力。學校也會教經濟學，但大班制的經濟教育只會讓學生背誦建立在事實上的知識，並測驗學生是否讀進去而已。這樣的經濟教育雖然適用於考試，卻無法應用於日常理財。

日常理財需要的不是經濟知識，而是經濟思考力——以經濟學的角度思考、判斷、做決定時所需的組織性、系統性思考能力。

學校的注入式教育無法培養孩子的經濟思考力。若要培養經濟思考力，必須將理論帶進現實，親身體驗。可是孩子們沒有這個機會。因此需要讓孩子們閱讀探討經濟問題的小說或故事範例。

例如閱讀《小狗錢錢》後，可以讓孩子思考「需要錢的時候該怎麼做？」、「如何用少少的錢賺到需要的資金？」等問題，探索解決問題的方法和點子。之所以要培養孩子的經濟思考力，是為了讓孩子未來面對經濟問題時，能夠做出合理且明智的決定。

讓孩子閱讀經濟類書籍，目的並非教導孩子經濟知識，而是要加強孩子的經濟思考力。能夠以經濟學的角度思考，才能採取合乎經濟學的行動。

想培養孩子的經濟思考力，並提升孩子的提問能力，可以使用以下方法。

第一，讓孩子練習分辨明智與不明智的經濟活動。例如歐．亨利的《聖誕禮物》一書中，妻子賣了一頭秀髮為丈夫買了錶鍊，而丈夫也賣了錶為妻子買髮帶。這對夫妻的做法算得上明智的經濟決策嗎？

第二，在看電視及報章新聞時，透過提問引導孩子以經濟的角度思考問題。

「有個貧窮的清潔人員某天中了『樂透』，得到能揮霍一輩子的錢。如果是你，領到錢後會怎麼花呢？」

幸運與不幸往往來得毫無預兆。如果從小就有機會接觸這類問題並與父母討論，那孩子長大成人後，也能過上富足的生活。

11

新聞報章：培養整合思維

新聞報章內承載了各式各樣的資訊，包羅了多元領域及多樣化的表達方式，如同集結多部最新教科書於一身的教材。因此報紙可說是培養整合思維的最佳媒介。

報紙上匯集了各種資訊及觀點，能讓人一眼看盡天下事。由多個版面組成的新聞，涵蓋了政治、經濟、教育、文化、生活、歷史、環境等領域，網羅了整個人類社會需探討的議題。因此閱讀報紙能為我們傾斜的立場找回平衡，同時也能訓練我們的整合思維。而讀報教育基於上述優點，成了著帶領兒童及青少年認識世界的重要角色。

想讓孩子有效地閱讀並消化新聞報章的內容，需要透過特別的提問法引導孩子。尤其孩子除了要忙學校課業外，還有其他書要讀，在這樣的狀況下要求孩子從頭到尾細讀報紙，就不是個聰明的做法。不僅無趣，孩子的閱讀能力也會在原地打轉。

和孩子一起閱讀新聞時，建議可以運用下列提問法。

第一，請孩子略讀新聞報導後，找出報導中的六何*元素。閱讀新聞報導時，沒必要一字一句細讀。先大略看過所有新聞標題，如果發現感興趣的部分，再讀讀副標題。讀完副標題後還想繼續看，再讀第一段。而報導內容的六何元素，都能在第一段裡找到。

第二，引導孩子辨別事實與觀點。報紙上呈現的內容並非全都是事實。報導寫的是

＊譯註：六何包含何人（Who）、何事（What）、何時（When）、何地（Where）、何故（Why）及如何（How），也稱作5W1H。

事實，但專欄與社論寫的是特定個人或組織觀點。專欄包含了作者的觀點與主張；社論則帶有報社自己的見解。閱讀報紙時，辨別事實與觀點並進一步理解它的內容，是非常重要的一件事。如果無法分辨，將陷入「報紙上寫的一定都是事實」的錯誤認知。

第三，透過提問，引導孩子認識新詞彙。能理解新聞用語，才能正確地理解新聞內容。一般而言，新聞用語的數量有限，只要稍稍努力，自然而然就能讀懂這些詞彙。另外，組成新聞標題的詞彙，通常承載了整篇新聞的精華，點出了核心。

第四，透過提問，引導孩子站在具批判性的視角思考。新聞讀者必須自行分析記者寫這篇報導的用意及該報導對社會的影響，並思考自己是否認同該篇報導中的內容。沒有批判性思考的能力，就無法做到這件事。而批判性的視角必須從兒時培養起。批判性視角讓人能從各式資訊中找出何者正確、何者有誤。若沒有這樣的能力，容易因為無法客觀判斷而陷入盲從他人的窘境，或者抱持過度猜疑的偏頗立場。

第五，透過提問，引導孩子思考眼前問題的解決方法。若閱讀新聞報導中的諸多問題後，沒有去思考相應的解決方案，那報紙就只是沒有意義的報導碎片而已。閱讀新聞的目的是讓人思考各式問題的解決方法，而且最好能以多元的角度思考多種解決方案。透過這樣的訓練，不僅能增進孩子的問題解決能力，還有助於培養邏輯表達能力及周全的思考模式。

12

課本及參考書：將知識應用於生活

每個孩子都有自己的特質與天賦。有的孩子記憶力好，有的孩子臨場反應快，有的孩子數理能力好，有的孩子很有藝術細胞。然而學校往往無視孩子們的特質。一直以來，學校都是根據各年齡的平均智商水準決定各科教材的難易度，並且僅以孩子的得分高低——與全體平均分數相比——來判斷他有沒有天賦。不過改版後的教育課綱挑戰了這種重視平均價值的教育哲學。

教育神經科學領域的思想先鋒陶德．羅斯（Todd Rose）在著作《終結平庸》中提到：

「現實生活中根本不存在所謂的平均值。擁有平均智商、平均天賦、平均思維、平均性格的人，根本就不存在。我們都有著獨特的能力、獨特的思想，以及獨特的性格，僅此而已。」

邁入二十一世紀後，全世界的教科書都從教師中心取向轉變為學生中心取向。韓國也一樣，韓國第一至第五版課綱都是教師中心取向，但第六至第七版課綱則改為學生中心取向。若說教師中心取向的教科書是以教師為主角的知識庫型教科書，學生中心取向的教科書則是以學生為主角設計的練習型教科書。以學生為中心的教育課程，建立在引導學生自主學習的教育哲學之上，並非單方面由老師教導學生。因此上課時是以學生為主體，教師則擔任輔助者的角色。

課綱及教科書之所以發生這樣的變化，是因為國家渴望跟上世界變遷的腳步。生活在第四次工業革命時代，光會背誦知識不再有用。只懂得背誦知識，無法在任何領域獲得成功。因為論知識及記憶，AI比人類強上兩百倍。

新課綱上路後，每個學生能在教科書中學到的內容，以及學習的寬度、廣度都不同。若說以前是由教師煮好飯，平均分配給每個學生一人一份，現在就是由學生點餐（提問），老師則提供學生相應的餐點（回覆）。所以每個學生學到的東西會根據提問內容有所不同。正因如此，學生面對教科書時的提問能力，將決定教育的質與量。

每當課綱改版，教科書中的閱讀及提問方法都會隨之改變。課綱改版後的提問方法列舉如下。

第一，以前的教科書問文章內容；現在的教科書問學生對文章的看法。如果說以前的教育是以課本的內容為中心，現在的教育就是以學生的觀點為中心。因此，問書中內容的問題大幅減少，問學生想法的問題則大幅增加。

第二，以前的教科書著重透過問題確認學生是否知道正確答案；現在的教科書著重透過問題引導學生創造多種答案。存在唯一正解的問題並不存在。然而，一直以來的教育模式都要求學生面對所有問題都要找出唯一正解，就好似世上僅存在一個正確答案。這樣的提問方式導致學生形成非常被動的學習觀，讓他們以為讀書學習就是為了找尋已經存在的答案。在這樣的觀念下，找不到答案的學生必定會陷入挫折。但新版教科書不同，改為引導學生創造各式各樣的答案。因此學生們遇到不熟悉的問題時，也能自行創造答案，且會代入不同的情境來解決問題。生活在充滿不確定性的二十一世紀，創造答案的人比尋找答案的人更有優勢，已然是無庸置疑的事實。

第三，聚焦於引導學生探索自己與他人的想法及答案。以前的教科書重視教師的想法及判斷，問問題的目的也是要學生找出這些答案。與此相反地，現在的教科書注重學生自身的想法及判斷，同時也更重視他人的見解。人無法斷開與他人的連結，獨自存活在這個世界。身處人類社會，我們必須與周遭融洽共處才能幸福。因此為了創造幸福的世界，教科書開始透過問題引導學生比較自己和他人的答案，並思考為何彼此會有不同的見解。而這些問題將培養孩子與他人和諧共處的能力。

4

家長的九種提問風格
決定孩子的人生風格

長大後我們成為了什麼樣的人，
取決於小時候家長問了我們什麼樣的問題。
因為兒時接收到的問題，
會在無形之間影響心智與思維的發展方向。

01

封閉式提問與開放式提問

A

家長：你生氣了嗎？

孩子：對。

B

家長：你看起來心情不太好，怎麼了嗎？

孩子：弟弟／妹妹尿尿在我的作業簿上，害我要重寫一次。

雖然是相同的情境，但孩子的回答會根據家長的提問方式而不同。不僅回答的內容不同，孩子的情感、表情，以及對話的氛圍都會不一樣。而開頭的提問中，A類型屬於封閉式提問，B類型則屬於開放式提問。

封閉式提問只能確認「是與否」之類的事實，問不出孩子的情感，或者事件的原因、理由。因此，以封閉式提問開啟的對話都不長，且無法達成溝通，告知完事實後對話就結束了。而學校課程中，為了測試學生是否知道答案而出的是非題與選擇題，也算是封閉式提問。

在封閉式提問進行的過程中，提問者與回答者之間會形成上下級關係。由於不知道答案形同犯錯，回答者會因為壓力而畏畏縮縮，無法與提問者自在地對話。

相反地，開放式提問的主要目的並非確認事實，而是詢問情境脈絡及回答者的想法。開放式問題沒有正確答案，可以有各式各樣的回答。因此提問者與回答者之間會形成平等關係，而非上下級關係，能夠更自由地展開對話。此時，回答者將開啟腦中的思想倉庫，拓寬思考的廣度。學校課程中，能夠綜觀學生知識深度的主觀式題型、敘事題，以及討論、論述活動都是開放式提問的一種。

開放式提問會使用何人（Who）、何事（What）、何時（When）、何地（Where）、如何（How）、為何（Why）、多少（How Many/How Much）這類開放式的疑問詞，引導學生進行擴散性思考。因此也有人稱開放式提問為「能夠激盪出思想火花的問題」。

家長的提問方式形塑孩子的思考模式

若在讀完一本書後被問「主角叫什麼名字？」這類考驗記憶力的問題，大腦會進入緊張狀態。由於主角名字是確定的，因此回答一定有對錯。像這樣只有一個固定答案的封閉式提問，就像在測試讀者到底有沒有看過書，會剝奪閱讀的樂趣。閱讀的樂趣若減少，孩子便只會被動地閱讀，形成不會主動提問的大腦。

相反地，「興夫為什麼會變窮呢？」這類開放式提問能讓大腦自由發揮。因為答案不只一種，沒有正確答案也沒有錯誤答案。這樣的開放式提問會讓大腦動員背景知識及思考能力，盡可能找出可能的答案。此外，所想出的答案數量也會依據孩子思考能力的程度而有所差異。富含想像力及創意的孩子，能想出數種多元且獨特的答案。

若家長常常問孩子封閉式問題，孩子可能會出現詞彙能力不足、不愛思考，且不善交際的狀況。因為從小到大都只需要回答「是或否」，沒有機會運用更豐富的詞彙，只需以「是非題」的形式思考及交流就好，不需要進行過長的對話。

若想讓孩子擁有富創意的思考能力及更多元的問題解決能力，家長必須先培養自身的開放性思維。由於開放性思維受想像力、推理能力、必較及對照能力、創意能力影響，因此必須由父母先做起，培養自身的思考能力。從小聽開放式問題長大的孩子，將養成開放性的思維，未來也會成為擁有開放性思維的父母。

第四次工業革命時代，是開放性思維人才的時代

語言心理學的報告中指出，「封閉式提問與非黑即白的二元思維有密切關聯。」四至十歲正值形塑價值觀的年齡，若在這個時期接收到的都是封閉式及確認性的問題，孩子會以為這個世界只存在是非對錯這種二元答案。這樣的孩子堅信自己所知的內容是絕對的事實，並認為想法與自己相左的人都是錯的，而且很可能成為拒絕與他人溝通、剛愎自用的大人。

OECD公開的民族性調查報告顯示，在所有調查對象中，韓國人的「二元對立」思維最為嚴重。這可以說是韓國民眾長久以來在「是非選擇題式」教育下成長的結果。

第四次工業革命時代下不存在既定的答案。在這個飛速變化的時代，我們必須自己探索答案。想在這個時代獲得成功，需要的是能夠創造全新答案的開放性思維模式。若要培養這樣的思維模式，就要改變提問的方式。

1+(　)=10的答案是「9」，這樣的問題就只有一個答案。然而，如果問題是(　)

＋（）＝10的話，就有「1和9」、「2和8」、「3和7」、「4和6」、「5和5」等多種答案。用什麼樣的方式授課才能幫助學生拓展思維的廣度呢？世界很寬廣，真相不只一個。要讓孩子探索更開闊、更多元的答案，需要的是開放式的提問。而這也是符合第四次工業革命時代的學習與提問方式。

不同於西方家長的教育方式，東方的家長更著重於制定並教導正確答案。透過單向填鴨式教學指導孩子選出正確答案，這種結果導向的教育雖然能灌輸孩子大量知識，卻無法培養孩子多元思考、深入洞察的能力。

02

客觀式提問與主觀式提問

A

—韓戰發生在哪一年？

—韓國第一任總統叫什麼名字？

B

—為什麼會發生韓戰？

—韓國第一任總統是什麼樣的人？

開頭的提問中，A屬於客觀式提問，B屬於主觀式提問。客觀式提問問的是大眾公認的事實及知識；主觀式提問問的是個人針對該事實所具備的知識及想法。

客觀式提問是結果導向的提問方式，目的在於測試答題者是否具備特定知識；而主觀式提問則是過程導向的提問方式，目的在於衡量答題者針對特定事實的知識廣度與深度，以及其見解。答題者在客觀式提問中只是配角，在主觀式提問中則是主角。

從小到大不斷被問客觀式問題的孩子，長大後會堅信「客觀事實就是真相」，會以為報紙上的報導或新聞一定是事實。這樣的人比起自己的想法，更重視他人的想法、大眾的意見，以及輿論。

相反地，從小被問主觀式問題的孩子，注重自己的想法更勝過他人的意見。「你覺得如何？」、「為什麼這樣認為呢？」從小聽這些問題長大的孩子，長大後更聚焦於自身，更有主體性。

人人都喜歡被當作主角的感覺。主觀式問題詢問的是答題者的想法，回答的人就是主角。因此若家長常常以主觀式提問法問問題，自然能培養出高自尊的孩子。

主觀式提問法賦予孩子開創未來的力量

「知識就是力量」的時代注重的是知識量，所以學校透過填鴨式教育拼命將零碎的知識一個個塞給學生，只為了將更多新知識注入學生的大腦。因此在過去，只要知道很多知識，就會被視為聰明的、優秀的學生。過去六十多年來，韓國的段考考試、大學升學考試、國家的各種徵才考試，以及企業的選才測驗，都是以知識量的多寡為鑑定標準。

然而，身處必須與機器人及ＡＩ共存的現代社會，掌握純知識已不再是優勢。因為裝載了ＡＩ的機器人比人類更會記憶純知識，更會執行重複性勞動。三位律師耗費三天才能做出的案例分析，ＡＩ律師羅斯（Ross）只需兩小時就能完成。未來無法預測，環境變化無常，要在這個時代生存，「具創造性的頭腦及適應變化的能力」不可或缺。

因此在現代社會中，掌握「脈絡及緣由」，比知道答案更為重要。注重主觀式提問的「過程導向課綱」對原因及過程的重視，更甚於客觀的純知識。

過程導向的教育比起注入式課程，更傾向討論式課程，且會以主觀式的測驗來評估學生的能力。所以孩子在考試時要做的不是回想儲存在腦海中的答案，而是針對題目構思屬於自己的解答，發揮創意解決問題。

提問最大的用途，就是讓人在面對未知的狀況時，能夠思考並行動。而考驗想像力、創意力、企劃能力、問題解決能力的主觀式提問，將激發孩子在未知中創造答案的能力。

主觀式提問讓孩子養成進步的思想

語言心理學研究報告指出，從小被問客觀式問題的人想法較保守，從小被問主觀式問題的人想法則較進步。一般來說，性格保守的人更重視事實，且更看重現在，因此會抗拒改變。而思想進步的人更重視自身的意見，且更看重未來發展，因此期待改變現狀。老一輩人就成長於聽著客觀式問題長大的時代，所以在考試及報告時不會闡述自己的想法，而是原封不動地照搬知名學者的觀點及課本內容。

「那你有什麼想法嗎？」

這是留學海外的韓國學生繳交報告時，最常被問的問題。這讓他們倍感震撼，因為韓國青年們一直以來都相信公認的事實就是真理，直到這一刻他們才意識到，原來自己的想法也很重要。

他們之所以感到震驚，是因為成長過程中不曾有人詢問他們主觀式問題。要回答主觀式問題，必須對事件有自己的一套見解。在這樣的前提之下，平時閱讀量較大的學生自然能在報告時獲得好評，因為閱讀就是不停思考並批判的過程。

人格障礙治療專家岡田尊司在著書《當「洗腦」統治了我們：思想控制的技術》中寫道，「只要讓一個人長期處於客觀資訊超載的狀態，就能讓他失去主體性，成為一個傀儡。」大腦在人的一生中扮演著導航的角色，若被一味地灌輸客觀知識，沒有自己的思想，最終只能盲從他人的意見，錯以為那就是自己的觀點。

03

定型式提問與成長式提問

A

——你在班上都拿第幾名？

——你數學好不好？

B

——你以後想成為什麼樣的人？

——你希望以後專精於什麼樣的科目？

開頭的提問中，A屬於客觀式提問，B屬於主觀式提問。客觀式提問問的是大眾公認的事實及知識；主觀式提問問的是個人針對該事實所具備的知識及想法。

客觀式提問是結果導向的提問方式，目的在於測試答題者是否具備特定知識；而主觀式提問則是過程導向的提問方式，目的在於衡量答題者針對特定事實的知識廣度與深度，以及其見解。答題者在客觀式提問中只是配角，在主觀式提問中則是主角。

從小到大不斷被問客觀式問題的孩子，長大後會堅信「客觀事實就是真相」，會以為報紙上的報導或新聞一定是事實。這樣的人比起自己的想法，更重視他人的想法、大眾的意見，以及輿論。

相反地，從小被問主觀式問題的孩子，注重自己的想法更勝過他人的意見。「你覺得如何？」、「為什麼這樣認為呢？」從小聽這些問題長大的孩子，長大後更聚焦於自身，更有主體性。

人人都喜歡被當作主角的感覺。主觀式問題詢問的是答題者的想法，回答的人就是主角。因此若家長常常以主觀式提問法問問題，自然能培養出高自尊的孩子。

04

教導式提問與教練式提問

A 首爾的都市人口密度排名世界第幾？

B 首爾的人口密度很高，你覺得是為什麼呢？

兩者都是關於首爾人口密度的問題，但問題類型卻不同。A問的是首爾人口密度的排名，B問的是首爾人口密集的原因。

孩子聽到A類型問題時，會試圖回想，或者在課本及參考書中找答案。聽到B類型問題時則相反，會動腦思考，或者去圖書館查閱各式資料，探索答案。A是教導對方知識的教導式提問；B則是引導對方自己摸索答案的教練式提問。教導式提問透過詢問對方客觀知識，讓他「查找答案」；教練式提問則引導對方探究問題，讓他「創造答案」。

教導式提問發出指令要求對方找出既定的答案，所以孩子在收到這個指令後，會努力在記憶倉庫及教科書中找答案。如果找不到答案，就會說自己不知道，直接放棄。

教練式提問則相反。它引導對方進行創新思考，培養對方的探索精神。以「為什麼」、「如果」開啟的問題，不僅能打開孩子的思想倉庫，更能為其指引思考及聚焦的方向。只要老師和家長多問孩子這類型的問題，孩子就能養成舉一反三的能力。因為這將激發孩子的探索精神，讓他燃起思考的動力。

教練比教師更偉大

某天，孔子走在路上時，突然對身旁的弟子們說：

「去把掉在那的稻草撿過來。」

弟子們聞言紛紛跑去撿起稻草跑了回來。

孔子問：

「這上面有什麼味道？」

「有魚腥味，應該是用來綁魚的稻草。」

孔子接著說道：

「人就跟這個稻草一樣。從你言語之間所散發的氣息，就能看出你是什麼樣的人。」*

*譯註：通常與「魚腥味」相關典故為「如入鮑魚之肆，久而不聞其臭」。作者在此引用了不同的故事。

孔子就是透過教練式提問引導弟子的典範之一。孔子、耶穌、釋迦摩尼、蘇格拉底都是這類型的老師。他們不會直接告訴學生答案，而是透過教練式提問引導弟子思考，讓他們自行領悟答案。

一味灌輸正確答案的課堂毫無意義

曾經，大眾普遍認為每件事情都有正確答案。現在的父母一輩還在上學的時候就是如此。課本上全都是要求學生填上正確答案的問題，而學生的任務就是背下答案好好考試。上課的目的是傳授正確答案，考試就是填上被灌輸的正確答案。

學生們也因此習慣用二元對立的視角看待世界，相信世界只有黑或白，相印答案只有對或錯。然而，當他們畢業後會驚覺，人生不存在所謂正確答案。多達數百種的可能性，全都得靠自己一一摸索。出社會後必須不斷找尋最適合自己的答案，自己去探索，自己去實踐。日復一日，等著回答的問題堆積如山，全都是不曾在課本或參考書中看過的陌生世界。這就是上一代人親身經歷過的哲學震撼。

進入第四次工業革命時代後，知識與答案的定義發生轉變。未來充滿不確定性，知識的生命週期只剩十二到十四個月。這樣的社會哪裡還存在正確答案呢？美國人的答案與韓國人的答案不同；家長的答案與孩子的答案不同；朋友的答案和我的答案當然也不同。在這個時代，一昧灌輸正確答案的課堂毫無意義。

因此新課綱調整了教學方式，從教學導向改為教練導向。老師的角色不再是教師，而是教練。新課綱及課本的任務不再是灌輸知識，而是引導學生主動探索知識。這就是新課綱及課本秉持的精神與理念。

政府以養成整合型人才為目標，編寫新課綱及教科書，為的就是打造不強求唯一解答的社會，並培養能夠自己創造多種答案的學生。然而，家長們仍舊崇尚背誦解答的教育，把孩子送去大考衝刺班。

孩子們未來要面對的世界不同於家長們成長的世界。如果說知識的有效週期在過去長達三十年，現在就只剩三年。孩子們生活的世界裡，不存在正確答案。他們必須根據當下的情況，自己創造最適合的答案。而探索答案的第一步，就是提問。一直以來習慣依賴客觀知識的學生，極可能失去自己的觀點。沒有觀點的孩子不會提問，不會提問的孩子無法擁有自己的想法與見解。

因此我們該做的是問問題，而非背答案。這世上不存在標準答案，也不存在完美的答案。若相信有標準答案，汲汲營營地尋找，永遠達不到真正的專業。「這樣的話可行嗎？」正因為手上沒有答案，才會浮現這些疑問。而這便是成為提問專家的第一步。

05

否定式提問與肯定式提問

A 你那麼笨到底是遺傳誰啊？

B 你哥哥每次都拿第一，你什麼時候才能考個第一名？

C 這次的分數比上次低了一些。你覺得該如何有效地提高成績呢？

家長如果問A類型的問題，會讓孩子從此相信自己頭腦不好，甚至認為自己無藥可救，陷入挫折情緒。A類型問題就是否定式提問的典型範例。而家長如果問B類型的問題，會讓孩子對哥哥產生厭惡情緒，因為家長的比較營造出負面氛圍，離間了手足關係。這種透過比較打壓的否定式提問，將導致孩子在人際關係上受挫。問題C則不同。家長如果問C類型問題，能向孩子傳遞肯定、正面的能量。這樣的肯定式提問如同在告訴孩子：「你可以的！」能將問題轉化為積極的能量。

「我們的提問建構出我們生活的世界。」

《肯定式探詢》的作者，凱斯西儲大學教授大衛·庫柏里德（David Cooperrider）如此說道。他在書中不斷強調，「提問控制思維，而思維成就命運。」

人是感性的動物，因此聽到否定的言語，會做出否定的回應；聽見肯定的言語時，會給予肯定的回饋。這就是「禮尚往來」的道理。語言心理學家也指出，「否定式的提問會得到否定式的回覆」。若家長指責孩子：「唉，你數學為什麼這麼爛啊？」孩子就會反擊：「那你以前考得很好嗎？」或者回嘴：「怪我喔？還不是遺傳你。」

孩子若在家長的否定式提問中成長，會認定「自己就是個沒用的人」，因而感到挫敗，連潛能也被壓抑，對未來充滿負面想像。

反之，孩子若在家長的肯定式提問中成長，則會暢想充滿希望的未來。舉例來說，若家長跟孩子說：「這次數學分數比以往低一些耶。我們一起想想有什麼方法可以更進步吧。」那麼孩子就會研究怎麼樣才能進步。

另外，大多數人遇到朋友借錢不還的狀況時，都會感到心煩。這時如果得知朋友的經濟條件真的還不出錢，可能會有兩種反應。一種是負面思考，想著「要不要乾脆提告，讓對方抬不起頭？」但若是這麼做，很可能會反目成仇。另一種是正向思考，想著「提告不是最好的做法」，選擇忍耐與等待。像這樣採取正向的思考及行動，不僅不會失去朋友，運氣好的話還能拿回借出去的錢。負面的思考及應對方式則相反，讓人失去了錢，也失去了朋友。

評價是鼓勵還是打壓？

負面評價的初衷，多是希望具體地告訴對方哪裡需要改進。然而，哈佛大學保羅．格林（Paul Green）教授研究小組的行動研究顯示，負面評價無法帶來成長，反倒讓人變得畏縮。負面評價對對方而言更像打壓，而非鼓舞，反而會讓對方開始尋求他人的正面評價「取暖討拍」。否定式提問也是如此。否定式問題就如同指責的話語，無法幫助對方成長。因此若要提出否定式提問，必須同時詢問肯定式問題，或者提出正面的意見，才能避免造成反效果。

肯定的力量能帶來驚人效果，已是眾所周知的事實。「一定可以的！」「再嘗試看看一定沒問題！」「沒關係，重新來過就好。」這般正向肯定的態度將為對方注入正能量，讓他能夠再次展翅翱翔。

負面消極的人，只要面臨不如預期的結果就會被負面情緒籠罩，遇到挫折只會喊「天啊，完蛋了！」「這輩子沒救了！」「都怪這個爛國家！」相反地，正向積極的人能像歷經一千兩百次失敗才迎來成功的愛迪生一樣，思考如何以失敗的經驗為基礎，邁向成功。

家長的態度決定孩子的高度

生涯教育專家們指出，「對自己抱持負面心態的孩子，會在探索職涯時遭遇瓶頸；抱持正面心態的孩子，則能在探索職涯時暢通無阻。」孩子在國小階段接收的正面刺激及經驗，會對他的大腦帶來正面影響。因此，我們的教育不該聚焦在孩子背了幾個英文單字、答對幾道數學題目，而是該聚焦在如何培養孩子的正面心態，讓他為自己經歷過的事感到驕傲並充滿動力。這樣的正面心態，將成為支撐他走過人生風雨的寶貴資產。

人生在世，今日的成功，亦有可能招來明日的失敗。但我們也可以跨越今日的失敗，迎向明日的成功。孩子究竟會邁向哪一條路，取決於伴他成長的是否定式提問，還是肯定式提問。也就是說，家長的說話態度將決定孩子未來的高度。

我們的先祖也相信言語的力量。因此「有其父必有其子」這句形容家長言行會影響孩子的諺語才會流傳至今。而這句諺語也蘊含了我們的言語觀——聽著充滿希望的言語長大，未來將一片光明；聽著充滿絕望的言語長大，未來將一片灰暗。

我們的腦中同時存在古老的邊緣系統，以及後來才演化出的新皮質，邊緣系統會根據新皮質發出的想法訊號，調節我們的生理狀況。此外，人類與其他動物的不同之處在於，我們可以運用言語表達自身想法。當我們將想法說出口時，也會透過聽覺傳到耳朵，進而傳回大腦。因此當我們的口頭禪從聚焦失敗改為聚焦成功，人生也會迎來一百八十度的轉變。

06 命令式提問與關懷式提問

A

—你知道你不適合這件衣服吧？

—你長大後一定要當上醫生，知道嗎？

B

—你喜歡什麼風格的衣服呢？

—你以後想做什麼樣的工作？

乍看之下A類型提問和B類型提問的內容沒有太大的不同。但「必須這麼做！」跟「你怎麼想？」的問法仍有所差異。A類型是「虎媽虎爸」會用的對話方式；B類型是民主式家庭常用的對話方式。A類型是命令式、獨裁式提問；B類型是關懷式、民主式提問。

收到A類型提問的孩子沒有選擇權。命令式提問的效果和審問一樣糟糕，孩子面對自顧自只問自己想問的、壟斷話語權的、只會責難孩子的父母時，不會打開心房。相反地，面對以關懷式提問與自己交流的家長時，孩子會敞開心扉。

注入式教育的最大缺點，就是它壟斷了提問的權利。在課堂中，「你的看法如何？為什麼這麼認為？」這類問題都被排除。因為在注入式教育的課堂上，只需要背誦老師教導的知識。關懷式提問則相反，將選擇權交到孩子手中，提高了孩子的參與度。

關懷式提問的三大原則

語言哲學家保羅．格萊斯（Herbert Paul Grice）指出，「有效的對話必須遵守合作原則。」此外，與格萊斯的學說相關的有效溝通有幾項原則。第一個原則為「輪流原則」：雙方表達機會需均等，像玩丟球遊戲一樣有來有回。第二個原則為「關係原則」：雙方溝通目標及方向要一致，並切合主題。第三個原則為「量的原則」：雙方提供的訊息量要適當且相近。違反上述原則將阻礙對話，無法達到真正的溝通。

廣義來看，提問也是對話的一種，因此提問時也該遵循對話的原則。若只准一方提問，另一方只能被動答覆，這不叫提問而叫審問。審問就是典型的命令式提問。命令式提問無法達到真正的溝通，問不出想要的答案。相反地，使用遵循對話原則的關懷式提問，將能進行有效溝通，達到對話目的。

當我們遵循對話的原則時，關懷式提問才會成立。自顧自提問並要求對方回答、硬要問對方不感興趣的問題、自己問得起勁卻不給對方提問機會時，就成了命令式提問。

從小聽命令式提問長大的孩子，會對問題感到畏懼，因此討厭被問，也討厭提問，成為逃避提問的孩子。在這樣的狀況下，孩子將停止動腦，人際關係也會變得糟糕，甚至失去探索新知的慾望。

若孩子在充滿命令式提問的環境中成長，未來遇到問題時會說：

「我真的不想要這樣，都是爸爸／媽媽逼我的。」

「都是爸爸／媽媽的錯。不是我的問題！」

「全都是因為爸爸／媽媽，不關我的事。」

因為這些並非孩子依自身意願行動導致的結果，所以縱使發生狀況，他們也不會嘗試解決。而更嚴重的問題是，由於他們從小到大不曾體驗過自由選擇的喜悅，因此長大成人後也摸不清自己究竟喜歡什麼、擅長什麼。

命令式提問只會帶來負面答案

二〇一七年，韓國職業能力開發院以一萬八千位擁有大專院校學歷的韓國民眾為樣本，進行了調查。調查報告中指出，依自己意願選擇科系的學生比例，專科為四十五％，而一般大學僅三十七・九％。此外，如果能重新選擇，專科畢業生有四十八・八％，一般大學畢業生則有五十五・三％會選擇其他科系。之所以呈現這樣的結果，是因為他們從小到大的選擇與決定都受到家長的控制及打壓，導致他們陷入必須跟隨社會主流價值的觀念。在這種環境下成長的孩子，長大後不會考量自己的興趣跟感受，成了沒自信的大人。

要讓人們能夠好好提問，必須先建立平等而民主的環境。人類跟機器人不同，在接收提問後須經過以下思考過程才能回答。

—那個人有權對我提出這樣的問題嗎？

—我有義務回答這個問題嗎？

——若沒有義務的話，該不該回答？

——我要據實以告，還是要調整一下敘述方式呢？

使用命令式提問，只能得到充滿抗拒與抵觸反應的負面答案。

除此之外，由於人類感官中受視覺影響最大，因此提問時的姿態也很重要。提問時身體向後靠、雙手抱胸、邊做其他事邊問問題，都會讓人不想回答。相反地，身體前傾、注視對方的雙眼，並以平等的姿態提問，就能得到需要的回覆。

07

競爭式提問與同理式提問

A 你覺得紅玫瑰跟黃玫瑰哪個更漂亮？

B 紅玫瑰跟黃玫瑰，你更喜歡哪個呢？

兩個問題雖然情境相同，但出發點不同。A問題隱含著要求對方在兩朵花之中分出優劣的意味；B問題則是請對方選出哪一朵花更吸引自己，展現對對方的尊重。A類型問題被稱作競爭式的、冰冷的提問；B類型問題被稱作同理式的、溫暖的提問。

競爭式提問的觀點是，世間萬物皆有高低優劣之分。帶著這樣的觀點時，會覺得自己喜歡的事物高人一等，我不喜歡的就不具價值。反過來，同理式提問雖然問了個人喜好，但同時也帶有不該以個人好惡定義優劣的意涵。

問出競爭式問題時，我們或許已經下意識地製造了對立，認為人就只分成好人跟壞人，學校只分成好學校跟爛學校。相反地，問出同理式提問時，我們會覺得人各有所好，但沒有高低之分。因此同理式提問重視的並非好與壞，而是何者更吸引你。

若家長經常問孩子競爭式問題，孩子會認為世上所有存在都要劃分等級。帶著這種觀念的孩子，失敗時會認為自己低人一等，感到挫折，無法適應帶來挫折的職場與社會。這樣的孩子將失去挑戰的精神。

同理式提問則與此相反，接受世間萬物各有所異。從小聽同理式提問長大的孩子，相信世上不存在優劣之分，僅是個人喜好的差異而已。他們看待事物時，會區分自己喜歡與否，但不會劃分等級。正因為如此，他們失敗時不會認為自己不如人，只覺得挑戰了一件不那麼適合自己的事；求職面試落選時不會覺得自己不夠好，而是認為那個公司不適合自己。抱持這樣的心態，即使不順利也不會受挫，著眼於未來，尋找其他適合自己的工作。

同理式提問是領導者的必備技能

很多時候提問不是因為不知道，而是為了同理對方。「你的看法如何？」這類同理式問題將縮短自己與對方之間的距離。邀請對方一同交流，成為對話的主角，能讓對方敞開心房。

想學會同理式提問的技巧，最關鍵的是先學會如何同理對方的感受。能夠理解對方的處境、立場和想法，才能問出同理對方的問題。也就是說，必須抱持體諒對方的心態，才能進行同理式提問。

二〇一六年，〈中央日報〉訪問了三千〇六十一位民眾，調查他們認為全球最具魅力的領導者是誰。其中，美國前總統歐巴馬被選為第一。調查顯示，民眾認為歐巴馬最大的魅力在於同理能力。歐巴馬在二〇一三年美國國防演講中，就充分地展現了他優秀的同理能力。

當時，歐巴馬正在闡述「九一一恐怖攻擊」後的十二年間，美國反恐政策有什麼樣的演進。然而，有位反戰運動家不斷高喊反對口號，妨礙歐巴馬的演講，導致演講中斷了三次。歐巴馬最後蓋上講稿，對那位反戰運動家說：

「你所主張的觀點中，有許多我無法認同的部分。但我認為有必要好好傾聽你的想法，我很樂意為你提供發聲的機會。」

接著，那位反戰運動家對美國的反恐政策大批了一頓。但一週後，他在英國衛報的專欄上表達了對歐巴馬的謝意，感謝歐巴馬願意聽自己說話。歐巴馬也透過這個事件，獲得了政策反對者的信任。

同理型人才是未來趨勢

第四次工業革命時代，比起一枝獨秀的競爭型人才，更需要與他人協作的同理型人才。因為隨著社會腳步不斷變遷，現今需要的是能夠協調各種想法差異，還能理解他人情緒的領導者。

二〇一八年韓國雇傭情報院（KEIS）報告預估，「十年後韓國百分之六十的職務將被機器人及AI取代」，並表示「雖然AI會占走部分職缺，但需要同理能力的工作仍舊無法取代。」

未來能由AI機器人勝任的工作中，最具代表性的莫過於教育、醫療及法律領域。在醫療界，AI醫師華生的診療、處方、手術速度已被認證比人類更快、更精確。但照護及同理病患的工作，終究只能由人類醫生執行。

而AI律師「羅斯」在案例分析等業務的處理上十分神速，但在需要同理委託人，或者以更具創意的方式應對突發狀況的工作上，它還有很長一段路要走。至於教育，

ＡＩ教師在傳遞新知識方面更勝一籌，但能夠傾聽學生煩惱、接住學生情緒的，只有人類教師。

然而很遺憾且現實的問題是，韓國教育環境非常不適於培養孩子的同理能力。韓國不僅有升學主義的教育，還有必須贏過朋友才能生存的內申制度*，在這樣的環境下要培養同理心並不容易。韓國教育課程評價院（KICE）曾針對先進國家青少年及韓國青少年對他人的同理程度進行了調查。結果顯示，韓國青少年的同理心十分不足。針對「是否願意學習並實踐對他人的理解與尊重」，法國及英國學生有六十%回答了「是」，但韓國只有十六%。

《人類大歷史》的作者尤瓦爾．哈拉瑞（Yuval Noah Harari）主張：「人類唯有聚焦於如何更有人性，才能在與ＡＩ的競爭下生存。」並表示：「雖然直至目前為止，那些聰明且有能力但不懂得關懷他人的人，還能在社會上取得成功、出人頭地；但在未來十年內，他們將是最可能被ＡＩ取代的那類人。」

08

資訊型提問與自省型提問

A

—我在班上都拿第幾名？

—我的英文能拿幾分？

＊譯註：類似台灣的學習歷程檔案，採計各項校內表現及成績指標作為錄取標準。

B

——我正朝著什麼樣的目標邁進？

——我是個什麼樣的人？

我們遇到問題時，會向外尋求答案，也會向內探索答案。問題A是向外界尋求關於自身的答案；問題B則是向內探索對於自身的省察。資訊由外部獲取；自省則向內在探索。因此A類型問題被稱為資訊型提問、向外探尋的提問；B類型問題則被稱作自省型提問、向內探尋的提問。向內探尋的自省型提問是與自己的對話，能夠啟發自我成長。

自省型問題的詢問對象是自己，屬於能夠自我觀照的後設認知（metacognition）型提問。人們都需要了解自己的情感、價值及理想，並判斷其對錯好壞，才能掌握成長的鑰匙。

人可以透過情感直面自己內在的真實。我們看待世界的視角受情感左右，因此要認真看待自己的感受，別不把它當一回事。也就是說，誠實面對自己的情緒非常重要。自問「該怎麼做才好？」並積極樂觀地面對，這就是自省型提問，就是向內探尋的提問。

大多數人有問題時，會嘗試向外尋求答案。「人們是怎麼看我的？」「我算有錢人嗎？」所以人們會去詢問他人，也會看成績、排名或統計數據來確認自己想要的答案。但自己的事情，只有向內尋求才找得到答案；對自己提問，才是最快的解題之道。畢竟世上還有誰比自己更了解自己呢？

人跟動物的不同之處在於人會自問。陷入困境時，人會下意識地問自己：「該怎麼辦才好？應該先處理哪件事？」這樣的自我提問（self questioning）能夠遏制下意識的行為及習慣，為自己提供時間，藉此審視自己，以及自身的信念系統。時常自我提問的人，能夠了解自己是什麼樣的人。反之，草率面對自省型提問的人，可能直到生命結束的那一刻都不知道自己到底是誰。

自省型提問幫你打造美好人生

人類需要能夠正視自身問題的勇氣。必須與自己對話才能在有問題時，發現問題所在。能發現問題，才能做出正確的決策並改善。若逃避與自己對話，將錯過自省的機會。由內在發起的自我提問能帶領我們過上積極主動的人生。因此，想過上理想的生活，就必須成為自省型提問達人。

想提出自省型問題，必須將抽象的感受轉化為具體的核心提問。舉例來說，當我們開始問自己「這些習俗、慣例真的沒有不妥嗎？」之類的問題時，才終於有力量一點點地改變現況，改寫結局。

大多數人不會自我提問，因為會使自己緊繃、心煩的問題讓他們感到不自在。然而，一直逃避自己內心的聲音，將錯過理解自己、促使自己成長的機會。一切的改變都得從內在開始。自我提問能遏止無意識中形成的錯誤價值觀，讓人深入檢視自己的信念系統。

耶魯大學教授史丹利．米爾格蘭在著書《服從權威》中，針對「大人」的定義寫道：並非年齡增長、生理成熟、經濟獨立就能稱作大人。能夠傾聽內心的自我提問並給予回應的人，才是真正的大人。

《為什麼我們這樣生活，那樣工作？》的作者查爾斯．杜希格（Charles Duhigg）表示：「要養成新習慣，至少需要六十七天；要讓那個習慣改變我們的人生，至少需要十年。」並主張：「透過自省型提問與自己對話是個好習慣，也是邁向理想人生的捷徑。」

因此無論再怎麼忙碌，都要為自己留下思考時間，藉由這段思考時間向自己提出自省型問題。身體的肌肉需要透過運動來鍛鍊；心智的肌肉則必須透過思考來鍛鍊。當思緒以提問的形式浮現在腦海時，我們才終於成長為心智上的大人。

09

糟糕的提問與有益的提問

A

—你的能力就只有這點程度嗎？

—你們公司薪水怎麼那麼少？

—你那少得可憐的薪水什麼時候才會漲？

B

—如何才能讓黑人和白人和平共處？

—怎麼做才能讓南北統一並友愛相處？

—為何全球有一半人口被迫處於飢餓之中？

如果有人問你A類型問題，你八成已經或者準備和他斷絕往來了吧。A類型問題是蔑視對方、羞辱對方、指責對方的問題，因此會破壞人際關係。這類問題就是典型的爛問題。

反過來，若有人問你B類型問題，你會信賴並尊敬對方對吧？因為B類型問題立意良善，能夠建立人與人之間的信任。透過一次有效問答建立起的情感紐帶，牢固程度更勝於辯論大戰十回合。反之，脫口而出的爛問題，則會破壞兩人間的關係。

在這個世界，有人養成了問好問題的習慣，也有人總把爛問題掛在嘴邊。前者受到人們的歡迎，未來等待他的將是美好人生。後者則相反，人們會離他而去，未來只能邁向孤獨、寂寞和厄運。

問出好問題，就能得到好答案。想迎來美好人生，就必須學習如何問出好問題。而好問題與爛問題的產生邏輯與原則如下。

好問題的八大提問原則

①提問時帶著真心關懷。

②提問時考慮對方的立場與能力。

③提問時採取尋求建議的口吻及方式。

④提問時運用有助於解決問題的肯定式提問法。

⑤提問時採取同理的姿態而非指責與追究。

⑥提問時將對方視為對話的主角。

⑦提問時為對方留下思考的時間。

⑧提問時採取讓對方感到自在的表情、聲音與姿勢。

爛問題的八大提問原則

①提問時以責難的口吻讓對方感到羞恥。

②提問時只想著自己，不考慮對方的立場與能力。

③提問時強迫對方只能在既有選項中二擇一。

④提問時採取無助於解決問題的情緒化提問法。

⑤提問時如審問一般採取打壓的姿態。

⑥提問時誘導對方說謊或辯解。

⑦提問時一口氣丟出數個複雜問題。

⑧提問時採取漫不經心、敷衍對方的態度。

5

每日十五分鐘和孩子一起玩問答遊戲

想培養孩子成為提問天才，
家長必須具備兩項技能：
一個是想出好問題，一個是想出好答案。
家長和孩子一同沉浸在問答遊戲，
世上還有比這更幸福的時刻嗎？

01

電視：化身實用教育工具

為什麼會這樣呢？

「小朋友們一週請來一次就好。」

「速食可能導致兒童肥胖」的研究報告一出來，法國麥當勞就在所有分店貼上了這句公告。從這之後，法國的孩子們一週只能去麥當勞一次。然而一年後，人們發現了一個奇怪的現象，法國麥當勞的銷量比以前成長了百分之四十五。

出現在電視上的這類新聞，最適合拿來鍛鍊孩子的推理能力、問題解決能力及經濟思考力。家長們可以運用下列提問，引導孩子思考並回答。問答結束後，家長還可以和孩子一起出題、一起想答案。這樣的活動有助於提升孩子的提問能力。

+問答遊戲

1. 麥當勞老闆為什麼要貼出這樣的公告呢？讓我們站在麥當勞老闆的角度思考看看！
2. 為什麼大家反而更常吃麥當勞了呢？我們一起站在法國小朋友的視角思考一下吧！
3. 麥當勞老闆發現銷量變好時，腦中會浮現什麼想法呢？
4. 如果你是麥當勞老闆，以後會採用什麼樣的經營策略呢？

壓力鍋的祕密

○○公司製造的壓力鍋驚傳爆炸事故。事件一發生，○○公司馬上召回了問題產品，且為了避免有人怕麻煩懶得退回，宣布「退回壓力鍋即贈五萬元（韓幣）」的消息。而這起事件後，該公司壓力鍋的營業額竟成長了百分之五十四。

這類新聞能培養孩子的推理思維、道德思維及經濟思維。家長可以詢問孩子下列問題，聽聽他們的答案。若孩子哪裡有遺漏，可以一邊聽孩子說，一邊為孩子補充細節。這樣的活動不僅能提升孩子的提問能力，也能讓孩子知道如何理解他人。

＋問答遊戲

1. 那家公司的老闆為何不惜祭出五萬元獎勵也要召回產品呢？

我們一起想出三個可能的原因吧！

2. 一般觀眾看到這則新聞時，會怎麼想呢？

3. 為什麼那間公司的壓力鍋反而賣得更好了呢？

4. 你對這樣的事件，有什麼樣的看法？

5. 這則新聞會對做生意的人帶來什麼樣的影響？

老奶奶的抱怨

首爾市江南區〇〇派出所安置了一名八十多歲的婦人。該婦人本想拜訪上個月搬家的兒子，卻找不到與手中地址相符的公寓大樓，因而在路上徘徊了一整日。警方雖陪同婦人尋找，但仍未找到該公寓大樓。最終，婦人表示兒子透過電話告知的大樓名為

「蓖麻紫葛奇異莓*」。然而根據警方查詢的結果，韓國國內並不存在登記為該名稱的公寓大樓。

近期愈來愈多公寓大樓以外來語詞彙取名。以前的公寓大樓多是玫瑰大樓、杜鵑大樓這類馬上就能看懂的純韓文名字，但不知從何時開始出現外來語拼音，純韓文的大樓名稱反而愈來愈少見。

針對這樣的現象，建設公司行銷團隊口徑一致地表示，「之所以使用外來語名稱，是因為這樣賣得更好。」看到這類新聞時，家長應該透過提問刺激孩子的好奇心，讓他腦中浮現一個個問號。可以藉由下方問題展開問答遊戲，並和孩子一起想想新的問題，思考外來用語的氾濫會對社會造成什麼影響。透過這樣的活動，能夠提升孩子的思考力及問題解決能力。

十問答遊戲

1. 為什麼人們更偏好冠上外語名的公寓大樓呢？
2. 以外語詞彙為名的公寓大樓愈來愈多，對誰來說最不方便？
3. 以外語詞彙命名的大樓愈來愈多，對韓文有什麼樣的影響？
4. 如果你當上市長或建築管理機關的長官，會針對公寓大樓及建築的取名原則定下什麼樣的規定呢？

＊譯註：由於兒子提供的大樓名稱是英文外來語，導致八十多歲的婦人誤以為是自己認識的其他韓文詞彙，就這樣記了下來。

把電視變成教育工具

「電視是傻瓜養成工具」有句老話這麼說。其實，不懂得如何活用電視的人才會那樣想。電視應該是有效的「教育工具」才對。電視是個聰明的老師，能夠將學校無法展現的世界迅速地呈現在孩子面前。尤其電視劇非常切實地反映了現代社會的變遷。電視劇如此生動地描繪了社會變遷的腳步，這是只會記述知識的傳統課本及教科書無法比擬的功能。

而電視劇最常探討的議題，是愛情與婚姻的問題。愛情與婚姻無庸置疑是決定我們人生幸與不幸的一大要素，但為何學校教育及教科書裡都沒有任何相關內容呢？在這樣的現實之下，無論大家贊同與否，電視劇都成了全國人民學習愛情與婚姻的教材。當然，還是有很多品質不甚優良的「狗血劇」，但也有一些適合和孩子一起觀賞的電視劇或電影。電視上播放闔家觀賞的電視劇及電影時，就是家長教導孩子愛情與婚姻觀念的絕佳時機。在看電視電影時，可以透過以下問題展開問答遊戲，培養孩子的批判性思考能力、想像力、判斷力，以及發揮創意解決問題的能力。

＋問答遊戲

1. 你覺得電視電影中，幸福的人為什麼會變得不幸？不幸的人又是怎麼找到幸福的呢？
2. 這部作品的編劇和導演想透過這部作品傳遞什麼樣的訊息呢？
3. 為什麼老人與年輕人、家長和孩子常常抱持不同的想法呢？如果不想厭惡對方，希望能夠和諧地生活，該怎麼做？
4. 違反法律與道德的愛情，為何會帶來不幸與痛苦呢？
5. 你長大後會選擇和什麼樣的人結婚？
6. 未來成為爸爸／媽媽後，你會希望孩子跟什麼樣的人結婚呢？

02

節慶：過節時的祝福

新年與祝福

說到「新年」一定會聯想到幾件事，穿新衣、吃年菜、長一歲，還有拜年領壓歲錢。除此之外，還有一個絕對不能漏掉的環節，就是聽長輩們為大家送上祝福／吉祥話，「希望今年可以〇〇〇〇、祝大家〇〇〇〇」。

這些都是很久很久以前，從爺爺的爺爺的爺爺開始一直流傳至今的傳統習俗。忙碌的早晨過後，可以用今年新年聽到的祝福與吉祥話，和孩子進行問答遊戲。這樣的活動能夠幫助孩子更認識自己。

十問答遊戲

1. 這個新年從爺爺奶奶那裡聽到了什麼樣的祝福／吉祥話呢？爺爺奶奶為什麼給你這樣的祝福呢？
2. 爸爸／媽媽對你說了什麼祝福語／吉祥話？為什麼給你這樣的祝福呢？
3. 親戚們送給你什麼樣的祝福／吉祥話呢？為什麼給你這樣的祝福呢？
4. 分析長輩們給的祝福後，你覺得大家希望你成為什麼樣的人呢？
5. 你覺得你是個什麼樣的小孩？以後想成為什麼樣的人呢？
6. 你也試著為親朋好友送上祝福／吉祥話吧！

大家庭與小家庭

最近報紙及電視上時常談論「老人問題」。許多無法工作、找不到工作的長者們，因為生活費不足而自殺。難道沒辦法讓他們過得幸福一些嗎？他們年輕時也曾努力工作，含辛茹苦地養育子女啊。他們也有權利過上幸福的生活。

看到這類問題時，可以利用下方提問進行問答遊戲。這樣的活動，有助於解決家中的老人問題。

+問答遊戲

1. 跟爺爺奶奶一起住有什麼好處？我們一起舉出五個例子！
2. 跟爺爺奶奶一起住有什麼不方便或者不自在的地方嗎？我們一起舉出五個例子！

3. 比較你跟爸爸／媽媽寫的內容，找找彼此想法不同的地方，思考不一樣的原因吧！

4. 年輕人會覺得「老人們愛嘮叨」。你覺得長者們為什麼喜歡嘮叨呢？站在長者們的角度說說看吧！

5. 長者們會說「年輕人沒教養」。為何年輕人在長者眼中顯得沒教養呢？如果是你會怎麼向長者們解釋呢？

松片與餃子

每個國家都有各自的特色飲食，同時也有相似的食物。韓國每個節日都有不同的節慶料理。新年吃年糕湯；中秋吃松片；晦日 吃紅豆粥；上元節吃九種山菜及五穀飯；端午吃山牛蒡糕。如果有機會，家長們可以在過節前一天，一邊準備節慶食物，一邊運用下列問題和孩子進行問答遊戲。透過這樣的活動，可以提升孩子的觀察力、比較能力、分析能力及創意。

＋問答遊戲

1. 松片和餃子有什麼相似或相異的地方？
2. 甜米露和可樂有什麼相似或相異的地方？
3. 綠豆煎餅和披薩有什麼相似或相異的地方？
4. 年糕跟蛋糕有什麼相似或相異的地方？
5. 紅豆湯跟濃湯有什麼相似或相異的地方？

試畫家族樹

爺爺、奶奶和爸爸，外婆、外公和媽媽，還有他們的孩子們，將所有人的關係畫出來後，得到的就是家族樹。畫家庭樹能讓孩子練習將邏輯視覺化，而將邏輯視覺化，能更有效地提升邏輯能力。

逢年過節所有親戚便會齊聚一堂。然而遇到爸爸媽媽的親戚時，孩子通常難以判斷該如何稱呼對方，只能冠上他們居住地的地名以「大邱奶奶」、「首爾叔叔」等方式稱呼。家長若能趁這個機會和孩子一起畫家庭樹，不僅能讓孩子認識親戚間的輩份關係，更有助於訓練孩子的邏輯能力。

＋問答遊戲

1. 該怎麼稱呼爺爺的弟弟／妹妹？

2. 該怎麼稱呼爸爸的哥哥？
3. 該怎麼稱呼爸爸的妹妹？
4. 該怎麼稱呼媽媽的弟弟？
5. 該怎麼稱呼媽媽的爸爸媽媽？
6. 叔叔伯伯的兒子跟你是幾等親？
7. 阿姨的女兒跟你是幾等親？

為祖父母帶來幸福

「長者們什麼時候會感到幸福？」

美國樂齡研究機構向十萬位長者問了這個問題。結果顯示，最多人答的是和孫子孫女講述自己過往回憶的時候；第二多的是孩子們需要自己的時候；第三多的則是從孩子那裡收到零用錢的時候。這份統計雖然來自美國，但韓國長者們的想法也不會有太大的不同。

每個人都有故事。如果孫子孫女能坐在爺爺奶奶身邊聽他們講述年輕時的故事，爺爺奶奶該有多開心呢？除此之外，若能讀到孫子孫女寫下他們的故事，爺爺奶奶一定會更加幸福。下方列舉了幾個問題，可以請孩子親自和爺爺奶奶或外公外婆進行問答，透過互動讓大家一起創造幸福。

＋問答遊戲

1. 爺爺／奶奶／外婆／外公小時候最擅長什麼科目呢？
2. 爺爺／奶奶／外婆／外公小時候的夢想是什麼？
3. 爺爺／奶奶／外婆／外公小時候的綽號是什麼？
4. 爺爺和奶奶／外婆和外公是怎麼認識、怎麼結婚的呢？

5. 是誰先求婚的？
6. 我媽媽／爸爸小時候是個什麼樣的孩子？
7. 媽媽／爸爸做什麼的時候你們最開心？
8. 跟我說一件媽媽／爸爸小時候的習慣吧！

03 用餐：在飯桌前學習溝通禮儀

你的言語代表你的人品

「真是氣死人了。」

「這也沒辦法，算了吧，沒關係的。」

「OK，沒問題的。」

同樣的話一天重覆數數十次，將影響個人的言語習慣。而人們會透過一個人的言語習慣判斷一個人。看到一個人整天把粗鄙的話掛在嘴邊，會覺得對方「沒教養」；看到一個人說話高尚有品格，會認為對方「有涵養」。「思想影響言語，言語影響行為，行為影響習慣，習慣影響命運」的格言，正出自這樣的脈絡。

但已經養成的習慣很難改變。而吃飯時間就是討論、練習說話之道的最好時機。

十問答遊戲

1. 媽媽有什麼改不掉的口頭禪或說話習慣嗎？
為什麼會養成這個習慣呢？
從說話習慣來看，你覺得媽媽的幸福指數大概是多少呢？
2. 爸爸有什麼改不掉的口頭禪或說話習慣嗎？
為什麼會養成這個習慣呢？
從說話習慣來看，你覺得爸爸的幸福指數大概是多少呢？
3. 你自己有什麼改不掉的口頭禪或說話習慣嗎？

為什麼會養成這個習慣呢？
從說話習慣來看，你覺得自己的幸福指數大概是多少呢？

委婉的藝術

「哇，你是第一名欸！雖然是從後面數來第一名。」

像這樣換個方式表達，既能讓當事人聽懂，也能讓對方比較不抗拒。人們通常喜歡懂得委婉表達的人，勝過說話直接的人。另外，也要分清委婉和嘲諷是截然不同的說話之道。嘲諷是奚落、是蔑視、是取笑，委婉則是真誠地告知對方需改進之處。利用下列問答練習如何委婉表達，不僅能培養孩子的溝通禮儀，還能提升他的社交能力及創意。

十問答遊戲

1. 想讓「大嘴巴」的朋友意識到自己的問題時，該怎麼委婉地表達呢？
2. 想給「脾氣火爆」的朋友忠告時，該怎麼既委婉又有效地表達呢？
3. 想給「愛撒謊」的朋友忠告時，該怎麼既委婉又有效地表達呢？
4. 想跟對方說：「你說話太難聽了，應該改一改。」該怎麼委婉地給建議呢？
5. 若「不想把作業簿借給對方」，該怎麼委婉地拒絕，不讓朋友沒面子呢？
6. 希望朋友改善「說話浮誇、愛吹牛」的習慣時，該怎麼委婉地表示呢？

扭曲的火星文

我們社區附近最近出現很多奇怪的招牌，上面的名字讀起來意思是國語，但寫法卻像火星文。像是「豪粗食品」、「輝常讚大樓」、「好洗翻服飾」、「兩個輪茶館」、「粗氣丸沙龍」等等。這些無視文字規則的名字如雨後春筍般愈來愈多，彷彿在比賽誰更誇張。

以上文章摘錄自國小五年級學生所寫的「扭曲的火星文」一文中。其實很多地方都存在這樣的狀況，但只有像這位學生一般發揮敏銳的觀察力、旺盛的好奇心及尖銳的批判能力，才能將觀察到的現象寫成文章。觀察力及好奇心較弱的孩子，就算看見這樣的招牌，也不會有任何想法；批判能力不足的孩子，只會覺得這些名字很有趣。

家長若想培養孩子的提問能力，這篇文章是個非常好的教材。孩子在聽到下列問題時，如果每題能夠給出不止一個答案，就算想像力豐富。

十問答遊戲

1. 店家為什麼選擇忽視文字規則取名呢？你如果是老闆會怎麼回答？
2. 你看到那些店名跟商品名稱時，有什麼想法？
3. 路上都有哪些忽視文字規則的招牌呢？我們邊走邊觀察吧！
4. 有哪些冰品或零食的名稱也是這樣取名的呢？
5. 如果像這樣無視文字規則的招牌或品名愈來愈多，對我們的語言會有什麼樣的影響？

符合邏輯的用字遣詞

「媽媽／爸爸這樣打扮看起來有點東西喔！」

「有什麼東西？」

「有錢。」

「這樣嗎？那你應該直接說看起來很有錢啊，我還以為你要說看起來有氣質，害我開心了一下。」

「齁，媽媽／爸爸真古板。這樣講我朋友都能聽得懂欸。」

大眾習以為常的流行語中，許多都像上述範例一樣省略具體意義，聽起來不合邏輯。孩子們若聽到，通常會不經思考就學起來。聽到孩子們說這些流行語時，家長的反應通常分為兩種。一種是覺得學到新知識很有趣，跟著孩子一起講；一種是提醒孩子這樣說話不恰當。我們一直以來都是怎麼做的呢？

發現孩子使用有邏輯漏洞的用語時，就是培養孩子溝通禮儀及批判性思考能力的好機會。利用下方問題進行問答遊戲，一邊回顧過往錯誤的語言習慣，一邊找回屬於家長的修養吧。

十問答遊戲

1. 大家聽到「○○○嫁人之後過得還不錯」時，想到的通常都是經濟富足。這樣的解釋真的恰當嗎？
2. 像「看起來有點東西」或是「過得還不錯」這類邏輯有漏洞但被廣泛誤用的流行語還有哪些呢？

很久以前，以色列有條名為石刑的奇怪律法，規定犯罪之人須被群眾以亂石投擊致死。有天，路上聚集了人群，正準備對犯了罪的婦女實施石刑。此時，耶穌正好從一旁路過，並對聚集的人群問道：

「你們為何如此對待這位婦人？」

「這個女人犯了大罪，就該被亂石砸死。」

耶穌聽完便回道：

「你們之中誰沒有罪，就可以拿石頭砸她。」

眾人聽完後，都默默放下手中的石頭，離開了現場。

言語的力量也有強弱之分。在開頭的場景中，耶穌所說的話就是最好的例子。耶穌所說的話力量究竟有多強大，才能讓人們主動放下手上的石頭呢？回顧歷史，耶穌、釋迦摩尼、孔子等聖賢、英雄及優秀的領導者，他們的發言都非常有力量。人們相信他們所說的話，景仰他們，並因此追隨他們。言語的力量究竟源自何處呢？利用下面的問題與孩子進行問答，或許就能發現這個祕密。

＋問答遊戲

1. 人們為何在聽完耶穌的話後，放下了手中的石頭呢？

如果你是那些拿著石頭的人，你選擇放下石頭的原因是什麼？

2. 有個孩子因為考試時抄別人的答案被抓到，所以被朋友們嘲笑。如果耶穌看到這樣的場景，會說什麼呢？如果你是耶穌，會對他們說些什麼呢？

3. 想像一下，你跟朋友正在吃冰淇淋時，發現有個小孩站在前面盯著你們吞了口口水。如果耶穌看到這樣的場景會說什麼？那你會對朋友們說什麼呢？

4. 你覺得言語的力量源自何處？而不具力量的話語有那些特徵呢？

5. 我們周遭有哪些人說話很有力量？又有誰的話語毫無力量？你這麼認為的原因為何？

04

購物：在消費中培養經濟思維

傳統市場

逛傳統市場有助於學習經濟用語並培養比較能力。傳統市場會出現「賒帳」、「開張」、「本金」、「現金買賣」、「虧本」、「佔便宜」等用語。除此之外，還能學到一斤、一兩、一把、一尾、一籮、一打等各種量詞。這些用語將豐富孩子詞彙倉庫。

另外，市場裡同時存在生意好的店家跟生意不佳的店家，這時孩子也能透過觀察老闆的表情、商品的陳列方式、店鋪的位置等資訊，分析生意好壞的原因。這些細節只能在傳統市場發掘。家長們可以牽起孩子的手，一邊逛市場，一邊使用以下問題進行問答遊戲，鍛鍊孩子的觀察力、比較能力、分析能力、經濟思考力，以及問題解決能力。

＋問答遊戲

1. 前面那家店跟現在這家店，給你的感覺有什麼不同？為什麼會有這樣的差異呢？
2. 站在客人的角度來看，哪家店更能吸引你光顧？為什麼呢？
3. 這兩家店收納或陳列物品的方式有何不同？老闆的語氣跟表情又有什麼不一樣的地方呢？
4. 如果你是老闆，會怎麼做生意呢？
5. 傳統市場應該改善哪些地方，才能吸引更多客人呢？

百貨公司與量販店

百貨公司是個充滿誘惑的場所，不僅有無數吸引人的商品及華麗的裝潢，還高喊「放手消費」、「客人至上」的口號。這樣的地方，尤其容易對批判性思考能力尚不足的孩子們造成負面影響。

研究報告顯示，幼兒時期經常前往百貨公司的孩子，容易養成物質主義思維，浪費成性，無法養成良好的理財習慣。研究的最終結論是，「不建議幼兒、小朋友、青少年太常去百貨公司。」另外，報告中也建議若要去百貨公司，以一年一到兩次的頻率較為適切。

去百貨公司時，可以透過提問引導孩子主動察覺百貨公司的特性。另外，也可以在前往量販店時，引導孩子思考百貨公司與量販店的商品陳列方式有何差異。家長們可以在百貨公司詢問孩子第一到第五個問題；在量販店詢問孩子第六到第八個問題。

十問答遊戲

1. 百貨公司為什麼沒有窗戶呢？
2. 百貨公司為什麼沒有時鐘呢？
3. 百貨公司為什麼一整年都有優惠活動呢？
4. 百貨公司的東西為什麼比傳統市場的貴呢？
5. 百貨公司為什麼要請知名演員來宣傳呢？
6. 同樣的東西為什麼百貨公司賣得比量販店貴呢？
7. 量販店的商品為什麼都採批量販售呢？
8. 單個購買跟批量購買各有什麼優缺點呢？

05 料理：做中學的詞彙遊戲

擬聲詞、擬態詞與摹寫

廚房是個能學習如何以各式形容詞描述模樣、色彩、聲音、味道的好場所。例如煮紅豆湯圓時，能夠學習如何形容湯圓的樣子，也能生動地描述出紅豆湯煮滾時的聲音及模樣。像是「啵啵啵」、「咕嚕咕嚕」、「哺嚕哺嚕」、「咕咚咕咚」等等。嘗試準確地摹寫這些聲音，對於詞彙學習非常有幫助。

韓國原創音樂劇《亂打秀》以出現在廚房裡的動作及聲音為主題，聞名世界。《亂打秀》敲擊砧板製造快而有序的節奏與動作，再搭配韓國傳統樂曲及四物農樂的韻律，打造歡快又激昂演出。

下方是以廚房裡常見的蔬菜、水果及各式料理為主題的問答遊戲。試著引導孩子透過擬聲詞、擬態詞及摹寫技巧來回答問題吧！

＋問答遊戲

1. 試著描述一下小黃瓜摸起來的觸感如何？
2. 試著描述一下麵粉摸起來的觸感如何？
3. 試著描述一下茄子摸起來的觸感如何？
4. 切蘿蔔絲的時候會發出什麼樣的聲音呢？
5. 煎荷包蛋的時候會發出什麼樣的聲音呢？
6. 煮味噌湯的時候會發出什麼樣的聲音呢？

7. 試著比較豌豆跟四季豆的顏色跟形狀吧！
8. 試著比較馬鈴薯跟地瓜的味道吧！
9. 試著比較水跟鍋巴湯的味道和顏色吧！

料理與創意遊戲

料理帶給人的最大收穫是創意。料理是一門藝術，組合多種材料創造出美味食物的藝術。就像大醬湯，縱使做法簡單，但每每煮出的味道都不同，根據當日食材的種類、用量及烹調方式，呈現出不同的味道。

孩子的料理方式往往比大人更有創意。如果試著讓孩子自己做菜，他絕對不會照著家長的食譜跟步驟，而是會按照自己的想法自由揮灑。隨心所欲的創造力正是孩子獨有的特質。這時若給予稱讚，將能激發孩子的創造力，讓他的創意更加豐富。法國有句俗語，「會做菜的人更有創意。」沒錯，料理就是「富有創意的藝術」。

有些家長一看到孩子走進廚房，就會憤怒地叫孩子不要進來搗亂；也有些家長不讓孩子參與料理過程，只讓他們洗碗。那麼現在開始試著讓孩子們一起加入煮飯的行列怎麼樣？可以藉由料理的過程，培養孩子的創意。

＋問答遊戲

1. 料理為什麼被稱作藝術呢？
2. 你會做什麼樣的料理？要不要試著做做看？
3. 有沒有什麼想做的料理？要不要挑戰一下呢？

06

生日：生日派對化身閱讀派對

生日怎麼過

朝鮮時代有個名為「洗冊禮」的習俗，當孩子在學堂讀完一卷書時，父母就會準備一籠年糕帶去學堂，以示對老師的感謝。老師會將收到的年糕分給學堂的學生們，學生們則會為那位完讀書卷的學生送上祝福。這個洗冊禮正是現代閱讀派對的原型。

今年慶生時，要不要嘗試舉辦閱讀派對，代替需要準備一堆食物跟禮物的生日派對呢？閱讀派對不僅能提供閱讀機會、激發構思提問的能力，還能鍛鍊深度閱讀能力、比較能力，並培養發揮創意解決問題的能力。舉辦閱讀派對時，需要準備的事項如下。

十問答遊戲

1. 撰寫要給朋友們的邀請函。

決定好當天要討論的書，並寫在邀請函上。

請大家準備兩到三個跟書中內容有關的問題，機智問答也可以。

請大家針對自己想的問題準備三個以上的答案。

提醒大家，沒有看書的人可以自由選擇是否參加。

2. 進行方式如下：

決定好順序，依序分享自己的問題，並回答彼此的問題。

為想出最多好答案的朋友送上掌聲與鼓勵。

壽星將準備好的禮物送給那位朋友。

3. 閱讀派對結束後如果還有時間，可以進行諺語遊戲等其他活動。

一起說諺語

諺語中蘊含了前人流傳下來的教誨。與人對話時引用諺語，能更精確地傳遞自己想表達的意思。諺語並非由單一個人創作，而是人們口耳相傳產生，因此在短短的句子中隱含了深刻的哲理。假若話中未帶有哲理，無法歷經漫長歲月流傳至今。

小朋友生日時那天，可以和朋友們一起玩諺語遊戲，代替平常單純吃東西、送禮物的生日活動，留下更美好、更有趣的回憶。進行諺語遊戲前，家長可於事前準備下方題目，引導孩子們進行活動。如果孩子年紀較小，還是小學一二年級生，家長也可以扮演主持人的角色，給予孩子們協助。

十問答遊戲

1. 朋友A：我這次考試也算認真吧？結果只拿到二十分。
朋友B：只能說一分耕耘，一分收獲。

2. 朋友A：沒有，我才沒說過那種話。
朋友B：真的嗎？可是無風＿＿＿＿啊。

3. 朋友A：是誰把我說的話告訴老師了？
朋友B：平時就要小心隔牆＿＿＿＿。

4. 朋友A：百貨公司有很多不錯的運動鞋。
朋友B：但沒錢的話，也只能望梅＿＿＿＿。

原來如此

牛肉跟豬肉屬於常見的食材，包含韓國在內的許多國家都會食用牛肉及豬肉。但也有些地方不吃這兩種肉類。例如印度就不吃牛肉，信仰穆斯林的地區則不吃豬肉。印度之所以不吃牛，是因為他們相信牛是神聖的動物，所以不會抓牛來吃；而穆斯林則認為豬是不潔的動物，覺得吃豬肉會染病，因此自很久以前就禁止食用豬肉。

像這樣乍看之下有點奇怪，但了解後會點頭表示理解的習俗有很多。韓國也有不少禁忌或者避諱的風俗。家長們可以和孩子一起腦力激盪，想想這些禁忌的由來跟原因，提升孩子的想像力和推理能力。

十問答遊戲

1. 為什麼會叫喪家不要參加別人的喜事？

因為＿＿＿＿＿＿＿＿＿＿

2. 為什麼剛吃飽不能馬上躺下？

因為＿＿＿＿＿＿＿＿＿＿

3. 為什麼小孩出生後一周內不能讓其他人來家裡拜訪？

因為＿＿＿＿＿＿＿＿＿＿

愚人節遊戲

一九九七年，日本〈朝日新聞〉發布了一篇題為「政府研究機構發明讀心機器！首相橋本龍太郎親自認證」的報導。報導中寫道，「橋本首相將朝野核心官員的發言輸入機器後，發現所有人都抱著反首相的心思，因而震怒，結束了測試。」然而，報導的最後還補充了一句「今天是愚人節」，讓讀者們覺得非常幽默。

愚人節的存在，就是為了讓人們會心一笑。今年愚人節，要怎麼為大家帶來歡樂呢？和孩子一起像〈朝日新聞〉一樣，構思幾個有趣的故事吧！

＋問答遊戲

1. 什麼樣的謊言／玩笑能讓媽媽感到幸福？
2. 什麼樣的謊言／玩笑能讓爸爸感到幸福？
3. 什麼樣的愚人節玩笑會讓班上同學開心？
4. 什麼樣的愚人節玩笑能讓全國人民會心一笑？

譬喻遊戲

「人生好似一本日記，敘寫著一篇又一篇的故事。」

這個句子以日記比喻人生。串起看似毫無關聯的兩個概念，這樣的手法被稱作譬喻。譬喻能力是寫詩時必備的能力。透過下方的譬喻遊戲，能讓孩子更加感性。不同人面對同樣的問題，會給出不同的答案。因此進行遊戲時，若孩子的回答和家長不同，可以比較彼此的答案，讓孩子聽聽別人的想法，培養理解他人的能力。

＋問答遊戲

1. 水就像橡皮擦一樣，因為＿＿＿＿＿＿＿＿

2. 讀書就像吃藥一樣，

因為

3. 歌曲就像風一樣，

因為

4. 稱讚就像糖果一樣，

因為

5. 責難就像苦口的藥一樣，

因為

6. （　）就像冰淇淋一樣，

因為

7. （　）就像飯一樣，

因為

07

結婚：看著家長的婚紗照

夫妻節

五月二十一日是韓國的夫妻節。之所以將夫妻節訂在這天，是因為五二一帶有在「五月」家庭月裡「二人」成為「一體」的寓意。而這天就是孩子採訪家長的好時機。透過採訪，孩子將能以個體對個體的平等角度去了解、去愛爸爸／媽媽。

我們的爸爸／媽媽小時候是什麼樣的小孩呢？是模範生？是搗蛋鬼？是書呆子？還是懶惰鬼？除了爸爸／媽媽，也可以訪問爺爺奶奶跟外公外婆。孩子們可以從下方問題中挑選幾個進行訪問。此外，建議家長如實回答，因為經過美化或者摻雜謊言的答案，會讓孩子覺得有隔閡。透過採訪活動，能讓孩子認知到爸爸／媽媽也跟自己一樣曾經是個小孩子，進而感到親近，拉近彼此的距離。

十問答遊戲

1. 爸爸／媽媽第一次相遇的時候，腦中浮現了什麼想法？
2. 是誰先告白？告白時說了什麼？
3. 結婚之後覺得最困難的地方是什麼？覺得最幸福的事是什麼？
4. 爸爸／媽媽覺得彼此有什麼優點？
5. 爸爸／媽媽小學時成績好嗎？
6. 爸爸／媽媽小學時的綽號是什麼？
7. 爸爸／媽媽最常因為什麼事情被爺爺奶奶／外公外婆罵？
8. 爸爸／媽媽小時候有沒有想過長大後要跟什麼樣的人結婚？這個願望實現了嗎？

家中的經濟狀況

一位男性因生意失敗陷入財務危機，導致執行員找上了門。他的太太跟孩子在這之前毫不知情，此刻得知真相後，他的太太暈了過去，孩子們也不知所措。「實在不想讓家人也承擔痛苦，本來打算自己解決。」他流著眼淚說道。

這個似曾相識的情節來自一九九〇年代的一部電影，該片刻劃出富有奉獻精神的父親形象，賺人熱淚。觀眾們將片中的爸爸譽為「韓國人的父親」，電影票房也寫下了佳績。然而仔細一想，這位父親真的十分愚笨。若能早點告知家人，他們至少能做點心理準備，不會受到那麼大的打擊。但這位父親卻剝奪了家人知情的權利，做法非常不明智。

家庭的事情應該與全家人分享。引導孩子針對家中經濟狀況提問，能培養孩子的經濟觀念。尤其負債，不要因羞愧而恥於提起。與孩子討論家中狀況，也能展現對孩子的愛與尊重。家長們可以透過下方的問答遊戲，和孩子分享家中的經濟狀況。

十問答遊戲

1. 爸爸媽媽的職業跟職務是什麼？
2. 在公司具體負責什麼工作？
3. 我們家的總收入是多少？
4. 收入的來源有哪些？金額各是多少？
5. 我們家的總支出是多少？
6. 支出占比最大的是哪項？
7. 我們家的不動產總資產（自有房地產價值或其他）是多少？
8. 我們家的負債額有多少？制定了什麼樣的還款計畫？
9. 我們家的儲蓄狀況如何？

我們家的家訓

學校有校訓，班上有班訓，家裡當然也有家訓。以前的家訓多由祖先代代流傳下來，但邁入小家庭占多數的時代後，由家長親自訂定的家訓也不少。有些家庭會把家訓貼在牆上，也有些要求家中成員將家訓刻在心上，時刻提醒自己。若家長能以家訓為主題和孩子一起進行問答遊戲，將更加鞏固家庭的羈絆。

＋問答遊戲

1. 我們家的家訓是什麼？
2. 是誰、在什麼時候、為了什麼而制定的呢？
3. 我們家的家訓有什麼涵義呢？
4. 為什麼會訂定這樣的內容呢？

5. 等你未來成家之後，想制定什麼樣的家訓呢？
6. 你希望家訓中承載什麼樣的意義呢？
7. 為什麼希望家訓帶有這樣的涵義？
8. 你覺得什麼樣的家庭是幸福美滿的家庭呢？

我是最強和事佬

紛爭並不只在國與國之間發生。家庭與家庭之間、家庭的成員之間都可能產生矛盾。當爸爸媽媽發生衝突時，孩子也會感到難受。尤其把「離婚」兩個字掛在嘴邊，真的會讓孩子彷彿置身地獄。當家人之間發生矛盾時，該怎麼做才好呢？透過下方的問答遊戲，讓孩子嘗試調解家人間的矛盾吧！

十問答遊戲

1. 媽媽爸爸大多因為什麼事情爭吵呢？
2. 媽媽爸爸發生爭執時，你會採取什麼樣的態度呢？
3. 你覺得媽媽／爸爸有什麼優點？
4. 試著跟媽媽／爸爸說說看他們彼此的優點。
5. 試著準備一些能讓媽媽爸爸和好的妙招吧！

08

父母親節：對孝道的省思

逃跑也是種孝順

曾參在瓜田裡除雜草時，不小心傷了一株瓜苗。目擊了這一幕的曾參爸爸狠狠地打了曾參一頓，曾參的腿也因此受傷，只能臥床休養。當晚，曾參的爸爸對曾參說：「打了你，我很抱歉。但你也要想想，被你傷到的瓜苗該有多痛呢？」

之後曾參因為腿傷缺席了學堂的課，曾參的老師孔子便向其他弟子詢問曾參缺席的原因。弟子們異口同聲地說：「曾參挨了父親的打，來不了了。」得知原因後，孔子憤怒地說道：

「曾參實在不孝。叫他以後別出現在我面前了。」

曾參輾轉得知後，感到非常疑惑，老師為什麼說自己不孝呢？曾參因此請朋友們前去請教孔子。而孔子回覆：

「很久以前，有個人名叫瞽叟，他的兒子——舜非常孝順。每當瞽叟拿起棍棒要教訓舜時，舜都會馬上逃跑。」

「老師，逃跑也算孝順嗎？」

孔子聽完弟子們的疑問後回答：

「打在兒身，痛在己心。打了孩子，父親的心該有多疼呢？」

曾參聽完孔子的這番話後，才明白了什麼是孝順。

何謂孝順？很多人認為買好吃的東西、送昂貴的衣服、給豐厚的孝親費就是「孝順」。然而，孔子通過上述的故事傳達了「讓父母舒心便是孝順」的哲理。已為人父母的讀者，應該能夠迅速掌握這個故事要傳遞的概念。但對孩子們來說，要理解其中意涵還是有些困難。如果能跟孩子一起閱讀，透過問題一步一步引導，可以幫助孩子更好地理解。

+問答遊戲

1. 孔子為什麼說曾參不孝呢？
2. 曾參該怎麼做才能成為孝子呢？
3. 回想一下，你曾做過哪些不孝順的事情呢？
4. 要怎麼做才能成為孝順的孩子呢？舉出五個方法吧！

媽媽／爸爸是什麼樣的人？

我的媽媽像狐狸。但不是一直都像，只有化妝的時候像。在她化眼妝、塗口紅的時候才像。化眼妝的時候，眼珠子轉來轉去，化好之後就變成了完全不同的人。然後張開嘴巴塗上鮮艷的口紅再抿嘴，就像吃掉獵物後滿足回味的樣子。

節錄自首爾◯◯國小二年級◯◯◯的〈我的媽媽〉

家長們一定很好奇，孩子們眼中的自己究竟是什麼樣子？上述文章中，孩子以狐狸比喻自己的媽媽。不過一般來說，家長們即使好奇，也不會沒頭沒腦地就問孩子：「你覺得媽媽／爸爸是什麼樣的人？」因此，想知道孩子的看法時，可以和孩子一起讀下方的詩詞，作為引子。

媽媽是一棵大樹，
將樹上的一切毫無保留地給了我們。
縱使每次都被我們纏著、煩著，
仍舊願意為付出。

不僅果實，還有花與葉，
大樹因為我們變得光禿禿，
最後連樹枝都給了我們。
媽媽是一棵大樹。

法蘭西斯科・帕斯通奇（Francesco Pastonchi）
〈媽媽是什麼樣的人（Che cos'è una mamma）〉

現在，可以透過問答遊戲，引導孩子以創作童詩的方式，分享他眼中的媽媽／爸爸了。如此便能了解孩子最真實的想法。

＋問答遊戲

我的媽媽／爸爸像

拒絕錄取不孝子

熱愛北大、孝敬父母、人格健全、成績優秀

這是當初中國北京大學二〇〇九年新增的招生標準*。如果你是校長的話，會制訂什麼樣的招生準則呢？引導孩子訂定新的標準，能讓孩子主動思索人才的定義。此外，家長跟孩子各自構思自己的標準並分享討論，能帶來雙倍的效果。藉由比較彼此心目中的人才標準，孩子將發現新的可能性，並更加理解家長的想法，進而拉近親子間的距離。而家長也能透過這個機會更了解孩子。

*譯註：最後更改為：熱愛北大、心繫天下、人格健全、成績優秀。

十問答遊戲

我們的大學要招募這樣的學生：

1. ____________________

2. ____________________

3. ____________________

09

兒童節：對自身的反思

兒童節

「你覺得兒童節是什麼樣的節日？」二〇一七年，韓國教育開發院的研究團隊以兩千名韓國小學生為對象，進行了調查。其中百分之七十五的孩子都回答：「是收禮物的日子。」

之所以會得到這樣的回答，是因為從一九二三年制定兒童節以來，家長們都將這天當作送禮物的日子。然而，用禮物來紀念兒童節真的是最好的選擇嗎？接下來將為讀者們介紹不一樣的慶祝方式。家長們可以透過下方的問答遊戲，引導孩子思考「我是誰」，藉此為孩子重新定義兒童節。

＋問答遊戲

1. 班上同學覺得你是什麼樣的小朋友呢？下方的框框裡列出了形容個性與形象的詞彙，請朋友們選出可以用來描述你的詞彙吧！

壞心眼、率真、有耐心、善變、暴躁、自大、溫和、開朗、大度、厚臉皮、無厘頭、溫柔、有人情味、固執、愛說謊、自私、謙遜、沒教養、正直、勇敢、卑劣怯懦、友善

2. 引導孩子自我觀察

——聽到什麼話會讓你開心？

——你的口頭禪是什麼？

——有沒有什麼事情是你做得到卻沒去做的呢？

——如果可以回到一年前，你最想做什麼？

3. 引導孩子察覺自己的習慣

——你有什麼樣的好習慣？是什麼時候養成這些習慣的呢？

——繼續維持這樣的習慣，對未來有什麼影響呢？

——你有什麼樣的壞習慣？什麼時候、為什麼會養成這些習慣呢？

——繼續維持這樣習慣，會對你造成什麼樣的影響呢？

聊聊職業

世界上存在多少種職業呢？雖然無法掌握確切數字，但可以知道的是，二〇一八年世界職業辭典中，收錄了兩萬五千多種的職業。然而職業也跟人類一樣，有新生也有消亡。例如，一九三〇年代默片電影興盛的時期，存在名為電影辯士的職業，專門在電影播放時，為大銀幕中的演員配上旁白。然而這個職業卻在有聲電影問世後逐漸消失。

不過現在也出現了很多過去沒有的職業。例如電腦工程師、照顧服務員、保險規劃師等等。職業就像這樣，隨著時代興起又沒落。

＋問答遊戲

1. 職業為什麼會出現，又為何會消失呢？

2. 原本從事的職業消失後，人們該何去何從呢？
3. 你覺得未來二十年會出現什麼樣的新工作呢？
4. 你希望未來出現什麼樣的職業呢？
5. 如果大多數人都選擇從事相同的工作，會發生什麼事呢？
6. 選擇工作時，最重要的因素是什麼呢？

三十年後的我

孩子們終究會長大。出生後走過童年與青春，慢慢成長，並在長大後建立自己的家庭。孩子們想成為什麼樣的大人，想組建什麼樣的家庭呢？趁這個機會引導孩子思考未來吧！

在一年一度的兒童節，透過問答遊戲讓孩子暢想自己的將來。想做什麼樣的工作？想遇到什麼樣的伴侶？想建立什麼樣的家庭？想成為什麼樣的家長？將這些答案保存在祕密抽屜中，當作時光膠囊，三十年後和媽媽／爸爸一起回顧吧！

十問答遊戲

三十年後我＿＿歲

1. 我的職業：＿＿＿＿
2. 我的伴侶：＿＿＿＿
3. 我的家庭：＿＿＿＿
4. 我的孩子：＿＿＿＿
5. 我的興趣：＿＿＿＿
6. 我喜歡的書籍類型：＿＿＿＿
7. 我喜歡的食物：＿＿＿＿
8. 我喜歡的名言：＿＿＿＿

10

社區：我的社區真可愛

這個社區的問題是？

瑛珠家的社區大樓最近有一群家長展開了抗議示威。一切都肇因於傳言大樓旁將建立特殊學校的消息。這場抗議甚至吸引了報社記者前來採訪拍攝。報導中，一位媽媽說道：

「我只想讓我家孩子接觸美好的事物，不應該讓一群障礙人士在附近來來去去的吧？我這樣做都是為了我家孩子啊！」

和孩子一起探討這類事件非常具教育意義，能讓孩子認識禁止歧視、障礙平權、居住正義等觀念，是個很好的素材。

＋問答遊戲

1. 如果你的家長反對設立特殊學校，你會對他們說什麼？試著寫一封給家長的信吧。
2. 如果你是障礙學生的家長，看到居民們反對設立特殊學校時，可以怎麼向他們表達你的訴求？
3. 如果你是贊成設立特殊學校的居民，你會怎麼向反對的居民傳達你的想法？

博愛座爭議

「應該給坐博愛座（敬老座）的年輕人一點教訓。」鐵路局的方針一發布，就在網路上掀起熱議。

留言1：有人只能站著搭，有人不過多活幾年就能霸佔位子，這不公平。應該按先來後到決定，讓先來的人先坐啊。

留言2：聖經提到，「不勞動者不得食。」從事生產勞動的年輕人有位子座是應該的吧。

留言3：韓國能有今日的富足，都是老人們在年輕時打下的基礎。享有座位是他們應有的權利。

留言4：那應該只給努力工作的老人位子啊！為什麼要給所有老人讓座？

十問答遊戲

1. 上方的留言中，有沒有哪些讓你覺得不恰當的發言？試著透過提問，讓對方意識到他的觀點並不正確吧！

○○○您好，我想請教您一些問題。

提問內容：

吸睛的店名

最近路上出現了許多有趣的招牌。光看招牌就能知道是做什麼的店，也算方便。如果我們家附近有人要開店的話，你會建議他取什麼樣的店名呢？

家長可以透過下方的問答遊戲，和孩子一起發揮想像及創意，構思能夠吸引客人注意的店名。

十問答遊戲

1. 社區書店的店名：＿＿＿＿＿＿
2. 襪子店的店名：＿＿＿＿＿＿
3. 小吃店的店名：＿＿＿＿＿＿
4. 服飾修改店的店名：＿＿＿＿＿＿
5. 眼鏡店的店名：＿＿＿＿＿＿
6. 髮廊的店名：＿＿＿＿＿＿
7. 蔬果店的店名：＿＿＿＿＿＿

8. 藥局的店名：＿＿＿＿＿＿＿＿

9. 糕餅店的店名：＿＿＿＿＿＿＿

傻瓜的店

我們附近生意最好的店家是「傻瓜家的店」。其他店家門可羅雀的時候，只有那家店高朋滿座。

「店裡也沒有傻子啊？為什麼會取這個名字？」

老闆跟老闆娘聽到這個問題後，只是笑了笑，沒有回答。

這段文章節錄自朴演求作家的隨筆《傻瓜家的店》。在接下來的活動中，家長和孩子可以針對下方問題，寫下各自的答案。透過比較彼此的答案，可以提升孩子的推理能力，以及理解他人的能力。

十問答遊戲

1. 為什麼大家都會去「傻瓜家的店」買東西呢？站在客人的角度思考一下，驅使你去那家店消費的原因吧。
2. 老闆為什麼將店名取為「傻瓜家的店」呢？站在老闆的角度思考一下，店名背後有什麼樣的故事吧。

正直的仁川市民

《讀者文摘（Reader's Digest）》雜誌最近以十四個亞洲國家的民眾為樣本，進行了正直程度調查。根據調查結果，亞洲最老實的是新加坡國民，第二則是韓國仁川市民。

此次調查方式是，將裝有十到四十美金不等的錢包遺落在路上，並觀察拾獲錢包的人會怎麼做。在新加坡，被遺落的十個錢包最終找回了九個，仁川則找回了八個，首爾有六個，東京有七個，泰國曼谷、印度孟買、菲律賓馬尼拉都有四個，香港則有三個。

這樣的新聞報導非常適合用於培養孩子的品性、判斷力及推理思考能力。家長可以和孩子一起閱讀這篇報導，並詢問孩子下方問題，比較彼此的答案。

＋問答遊戲

1. 俗話說，「正直就是財富。」在什麼樣的情況下，正直等同於財富呢？
2. 韓國的國際形象會因為調查結果有所提升嗎？這篇研究對韓國有什麼正面影響呢？
3. 我們一起構思幾個與正直有關的標語吧！

11 上學：打造幸福校園生活

為什麼要去上學？

「為什麼一定要上學呢？」

德國一位名叫托比亞斯的孩子向身為教育部官員的叔叔提出了這個疑問。因此教育部官員哈特姆特．馮．韓逖希為了和姪子抱著相同疑問的孩子們寫了《為什麼要上學》（Warum muss ich zur Schule gehen?: Eine Antwort an Tobias in Briefen）一書。書中完全沒有提到「為了讀書」，反而都是去交朋友、培養理解他人的能力、學習如何生活、探索夢想……之類的內容。

在下面的活動中，家長將和孩子一起效法哈特姆特，各自寫下自己認為必須去上學的理由。建議家長以過往的經驗為基礎，說說自己的感悟；孩子則訴說自己目前對學校的不滿與期待之處。透過分享並比較彼此的想法，可以更認識對方的世代、更了解這個世界。

＋問答遊戲

1. 為什麼要去上學呢？

家長的答案：＿＿＿＿＿＿＿＿

孩子的答案：＿＿＿＿＿＿＿＿

2. 家長和孩子分別詢問對方原因。

家長的原因：＿＿＿＿＿＿＿＿

孩子的原因：＿＿＿＿＿＿＿＿＿＿＿＿＿＿

3. 統整彼此答案的相同與不同之處，並整理出「需要去上學」的原因。

孔子的老師是誰？

由於父親英年早逝，孔子一家家境困難，導致孔子去不了學堂，也無法請家庭教師到家中講課。因此孔子從小就在母親身旁一起工作謀生。即便如此，孔子還是能從生活周遭的事物中獲得啟發，進而思考。而後，孔子於十五歲時立志向學，並在三十歲時成為有所成就的學者。景仰孔子學識的民眾們自各地前來追隨孔子。人們詢問孔子：

「傳授您學問的老師究竟是誰呢？」

孔子答道：

「三人行必有我師焉。」

家長們可以和孩子一同閱讀這個故事，並依據下方的問題引導孩子思考、回答，藉此讓孩子意識到老師與同學能促使自己成長。

十問答遊戲

1. 「三人行必有我師焉」是什麼意思呢？
2. 孔子周遭一定也有學識或見識不如他的人，你覺得孔子可以從他們身上學到什麼呢？
3. 回想一下，哪些人曾帶給你啟發呢？寫下他們的名字，以及他們帶給你的省思或啟發吧！

認識老師

新學期的開學日，家長們總是會好奇地詢問孩子：

「今年的班導師人怎麼樣啊？」

韓國閱讀教育開發院（KREDI）針對韓國十個城市共一千名國小學生進行了調查，詢問他們對班導師的印象。學生們的答案十分多元，有「漂亮、帥氣、長的很醜」這類評價外貌的回答；有「看起來很溫柔、有點冷漠、很有趣、看起來很可怕」等評價性格的回答；有「感覺會公平地對待學生、感覺會很偏心、看起來很會教書、據說是音樂老師、聽說是國文博士」這類與教學相關的回答。

但這些只是對老師的初期印象而已。若要獲得更有效的調查結果，至少要等開學一周後再以分析性的方式詢問，學生才能做出更精確的判斷。家長如果以抽象的方式回答，孩子們也只能以抽象的方式回覆。家長必須提出分析性的問題，孩子才能進行分析性思考並給予答案。

十問答遊戲

1. 你對老師的第一印象是什麼？
2. 老師喜歡穿什麼樣的衣服？
3. 老師最常使用的詞彙是什麼？
4. 老師會在什麼時候稱讚學生？
5. 老師會在什麼時候責備學生？
6. 老師在什麼時候心情比較好？
7. 老師在什麼時候心情比較差？
8. 你覺得老師是個什麼樣的人呢？

不想去上學

「媽媽／爸爸，我明天開始可不可以不要去學校了？」

若孩子某天突然問了這樣的問題，家長應該會瞬間陷入思考，腦中浮現「是不是被老師罵了？」、「是不是闖禍了？」、「是不是被排擠了？」之類的疑慮，並感到擔心。但其實沒那麼嚴重，不需要這麼擔憂。可以試著先冷靜地詢問孩子：

「這樣啊。那你拿出紙筆，列出三個你不想去上學的理由，媽媽／爸爸看了認為合理的話，就可以不用去。」

「將理由轉換為文字寫下」是個培養思考力的好方法。當孩子表示想買智慧型手機的時候、想買貴重物品的時候、不想參加家族旅行的時候，都可以請他將理由寫下。孩子一開始會興致盎然地提筆，但最終會因為找不到正當理由而自動放棄。

引導孩子分析抽象模糊的概念或現象，有助於提升孩子的分析性思考能力。

問答遊戲

請舉出三個不想去學校的理由

1.

2.

3.

請列舉必須買智慧型手機的理由

1.

2.

3.

12

交友：想結交這樣的朋友

畫家間的友誼

創作出〈拾穗〉、〈晚禱〉等畫作的知名畫家米勒，也曾度過一段無名時期。當時，縱使米勒舉辦了畫展，也沒有人願意購買他的畫作。在這樣的狀況下，他沒錢吃飯，也買不起顏料。畫廊老闆甚至對米勒表示，「我們畫廊無法再繼續展出你的作品了，全部撤走吧。」身處這般窘境，讓米勒不得不放棄畫家夢。

然而，畫廊在某天傳來了好消息——一位不具名的買主以高價買下了米勒的作品。

「這是真的嗎？」

「真的。他以最高的價格買下了你的畫作。」

米勒懷著萬般感激，奔向畫廊，並用那筆收入買了食物，也買了顏料。他也由此獲得勇氣，重新開始作畫，並在不久後躋身知名畫家的行列。

成名後的米勒某天前去拜訪朋友，結果發現他賣出的第一幅畫竟然就掛在朋友家的客廳！在畫廊以高價賣出的那幅畫，竟然就在這裡。

「這幅畫怎麼會……」

米勒哽咽著，眼眶泛起了淚。

在韓國有句俗語，「拿父母換朋友。」之所以會有這句話，是因為父母終究會比自己早走，朋友才能伴自己走得更久、更遠。也因此遇上益友，就等同於擁有美好人生。將米勒的故事讀給孩子聽，透過下方的問答遊戲讓孩子了解友誼的美好，並學習交朋友的方法吧。

十問答遊戲

1. 米勒的朋友為什麼要以昂貴的價格買下米勒的畫作呢？站在米勒朋友的角度，提出三個原因吧！
2. 如果你是米勒的朋友，會用什麼方式幫助窮困的米勒呢？
3. 「益友讓人生充滿色彩，損友讓人生變成黑白。」回想一下，你的朋友中哪些是益友，哪些不是呢？
4. 你對其他人而言是益友嗎？
5. 回想一下，你是否曾經非本意地成了誰的損友，對他造成了負面影響呢？

讚美的力量

我們有時會跟朋友吵架，或覺得某個人很討厭，但隨著時間過去，又會想跟對方和好。這時該怎麼做呢？稱讚就是個很好辦法。讚美可以消弭雙方的負面情緒，讓我們在彼此眼中變得更討喜。因此韓國有句俗語，「好話一句，能讓鯨魚都起舞。」

現在就引導孩子回想看看有沒有希望和好的朋友，同時也思考一下該怎麼稱讚對方吧！請孩子將想到的內容寫下，並在隔天實際去讚美那位朋友，見證奇蹟的發生。

下方的問答遊戲由孩子獨自進行效果更佳。家長可以先去忙其他事情，提供孩子單獨思考的時間與空間。

＋問答遊戲

1. 我跟＿＿＿＿吵架了，想跟他和好。

我覺得他這些地方值得讚美。

(1) ＿＿＿＿＿＿＿＿

(2) ＿＿＿＿＿＿＿＿

(3) ＿＿＿＿

如何辨奸臣

①被稱讚，會自鳴得意。
②被激怒，會失去理性。
③驚嚇時，不顧尊嚴躲藏。
④見錢時，毫不猶豫收下。
⑤失敗時，一心怪罪他人。
⑥晉升後，言行變得傲慢。

君王必須與一眾臣子共同處理政事。其中有忠臣，必然也有奸臣。君王勢必也希望身邊只有忠臣，但將奸臣誤認為忠臣重用的狀況也層出不窮。因此，歷屆君主必須將明辨奸臣的方法記述下來，並傳承給儲君。例如朝鮮時代的君王，正是透過「辨奸論」來鑑別忠奸。

學會分辨奸臣的方法，便能更有效地辨別朋友是好是壞。今天就和孩子一起研究「辨奸論」，並思考如何將其應用在交朋友上吧！

＋問答遊戲

1. 君王為何需要疏遠一被稱讚就得意的臣子呢？
2. 一被激怒就失去理性的臣子，為何無法成為忠臣呢？
3. 膽小如鼠不顧尊嚴的臣子，為何會被列為奸臣呢？
4. 見錢就收的臣子，為何無法成為忠臣呢？
5. 將失敗怪罪於他人身上的臣子，為什麼不是忠臣呢？
6. 地位愈高愈傲慢的臣子，為何無法成為忠臣呢？

13

理財：對金錢深思熟慮

透過諺語培養經濟思維

我們的祖先為後代留下了許多與金錢及財產有關的諺語。人的生活與金錢息息相關，因此祖先們為了不讓子孫陷入窮苦困境，想出了很多圍繞著錢財的諺語，傳承至今。現在就活用下方的問答遊戲，和孩子一起發揮推理能力，找找先人在諺語中留下的教誨吧！藉由這樣的活動，將能培養孩子的經濟思維。

+問答遊戲

1.「集腋成裘、積少成多。」

—這兩句成語是什麼意思呢？

—適合對什麼樣的人說？

2.「救急不救窮。」

—這句諺語是什麼意思呢？

—你覺得是什麼樣的人，在什麼樣的背景下想出了這句諺語呢？

—你對這句諺語有什麼看法？

3.「賺錢是一種能力，花錢是一種技術。」

—這句話是什麼意思呢？

—你覺得什麼樣的人，在什麼情境下會使用這句話呢？

—你對這句話有什麼看法？

全球有一半人口正在挨餓

世界糧食組織曾指出，全球糧食產量供應給地球七十六億人口綽綽有餘。然而，全球仍有十五億人處於飢餓之中，其中甚至包含了八億兒童。

該組織同時也表示，世界各地製造的廚餘正對地球環境帶來壓力。不僅如此，全球更有十億兒童因營養過剩過度肥胖。換言之，同樣都是地球人，有人一生都在忍受飢餓，卻也有人為營養過剩所苦。該怎麼做才能讓這個世界不再有人挨餓呢？透過下方的問答遊戲，和孩子一起腦力激盪吧！

十問答遊戲

該怎麼做才能讓這個世界不再有人挨餓呢？請寫下你覺得可行的方法。

1.

2.

3.

4.

崔氏家族的財富祕密

俗話說「富不過三代。」為什麼會富不過三代呢？因為雖然父母輩努力打拼累積了財富，但在富裕環境中成長的孩子不曾吃過苦，花錢如流水，最終敗光了家產。不過也有例外。韓國就有個富了三百多年的「慶州崔氏家族」，他們的資產雖在三百年間沒什麼成長，卻也不曾縮水，始終維持著一萬石的規模。另外，西方國家也有類似的案例。富裕了兩百多年的義大利麥地奇家族，就被選為歐洲之最。

慶州崔氏家族為何能在三百年間維持一萬石財富，不增也不減呢？這個祕密就寫在崔氏家族的家訓之中。

家訓

第一、不在荒年擴張土地，不在經濟走下坡時拓展財富。

第二、資產規模不得超過一萬石以上，必須將多餘的財富分給有需要的人。

第三、讓方圓百里內的人家無一戶挨餓，且須善待來訪的客人。

十問答遊戲

1. 崔家先祖為什麼要求子孫不得在荒年買地呢？
站在崔家先祖的角度回答看看吧！
因為：＿＿＿＿＿＿＿＿＿＿＿＿＿＿＿＿＿＿＿＿

2. 崔家先祖為什麼不允許子孫擁有超過一萬石的財富呢？

站在崔家先祖的角度回答看看吧！

因為：

3. 崔家先祖為什麼囑咐子孫要讓百里之內無人挨餓呢？

想像一下可能的原因，並試著回答吧！

因為：

4. 未來成為富翁後，你想留下哪些家訓給你的子孫呢？

為了未來的你提前構思吧！

我的家訓：

改善貧富差距

「貧富差距」的議題經常出現在新聞上。現今社會確實是「富者愈富，貧者愈貧」的世界，而這並不是個好現象。尤其近期各項統計都顯示，韓國富人與窮人的資產差距正逐漸擴大。舉例來說，隨著房價水漲船高，持有房地產的人什麼都不做就能致富；反觀名下沒有房子的人，就算拼命工作也追不上房價，只會愈來愈貧窮。

十問答遊戲

該怎麼做才能避免韓國成為「富者愈富，貧者愈貧」的社會呢？

讓我們打開思想倉庫，發揮創意盡情想像，將點子都寫下來寄給總統吧！

1. ______________________________

14. 13. 12. 11. 10. 9. 8. 7. 6. 5. 4. 3. 2.

14

全家一起挑戰語言遊戲

拓展詞彙庫

周末全家人一起吃完早餐後，該做些什麼呢？爸爸看報紙、媽媽看影集，而孩子們只顧打遊戲？這樣的畫面顯得沒有溫度。如果想營造良好的家庭氛圍，推薦家長和孩子一起玩語言遊戲。可以玩詞尾接龍、詞首接龍、同字尾詞彙大比拚、詞語機智問答等多種遊戲。

不過除了這些較為單純的遊戲外，還有其他更能促進思考，且對讀書有助益的語言遊戲。舉例來說，〈披著羊皮的狼〉中，有一段描述「狼身上的羊皮蒙蔽了牧羊人的雙眼，讓牠混進了羊群，趁機吃掉一隻羊」的內容。其中「蒙蔽了雙眼」這句話就是適合運用於語言遊戲的素材。

這類語言遊戲也是遊戲的一種，會激起勝負慾，因此孩子們會為了贏得勝利努力動腦。如此便能激發孩子對新詞彙的好奇與想像，進而讓孩子主動閱讀，探索更多詞彙。在這樣的循環下，孩子的詞彙庫自然會愈發充實。

＋問答遊戲

1. 嘗試用「眼裡容不下」造句。
2. 嘗試用「不順眼」造句。
3. 嘗試用「在眼前揮之不去」造句。
4. 嘗試用「歷歷在目」造句。

5. 嘗試用「眼熟」造句。
6. 嘗試用「眉開眼笑」造句。
7. 嘗試用「閉目養神」造句。
8. 嘗試用「眼光高」造句。
9. 嘗試用「目中無人」造句。
10. 嘗試用「看走眼」造句。
11. 嘗試用「橫眉怒目」造句。
12. 嘗試用「睜一隻眼閉一隻眼」造句。

讀者的幸福

閱讀世界名著是近期最讓我感到幸福的活動之一。在溫暖的空間舒適地坐著，閱讀距今一百年前、五百年前，與我素未謀面的偉大作家們嘔心瀝血寫下的作品，是如此地幸福！他們在創作時，投入了多少時間與心力呢？能夠作為讀者盡情閱讀他們留下的作品，還有什麼比這更幸福？

節錄自南美英散文《讀者的幸福》

什麼樣的書和電影，能為家人帶來幸福呢？分享彼此喜歡的書籍與電影作品，將能拉近家長與孩子間的距離。

＋問答遊戲

1. 我最近喜歡什麼樣的書？
2. 最近讓媽媽感到幸福的書／電影是？
3. 最近讓爸爸感到幸福的書／電影是？

如果要去無人島

「假設你即將獨自一人被流放到無人島，能帶去的東西只有十本書，你會選哪些書呢？」

這類問題常常在公司面試時出現。由於公司必須透過簡短的測驗及短暫的面試選出公司需要的人才，因此會藉由這類問題來判斷面試者的為人與特質。只要掌握對方渴望一讀再讀的書單，基本上就能推敲出對方的內心世界。喜歡的書透漏了他關心的議題及領域，而書中內容則反映出他的品格。他喜歡的書，就代表了他這個人。

家長們是否真的了解孩子呢？其實世上最難懂的就是自己的小孩。「我家的孩子那麼善良，都是因為交了壞朋友才會這樣。」這是每個恐龍家長的一貫說詞。

今天就和孩子討論「去無人島時最想帶的十本書」，一同探索孩子的內心世界吧。

十問答遊戲

Q：如果要去無人島，你想帶哪些書去呢？

A：我想帶＿＿＿＿＿＿＿＿

下雨天，遊戲天

細雨、絲雨、煙雨、毛毛雨、
暴雨、豪雨、陵雨、傾盆大雨、滂沱大雨、瓢潑大雨、
苦雨、宿雨、霪雨、梅雨、密雨、留客雨、
陣雨、驟雨、甚雨、西北雨、過雲雨、
太陽雨、陰雨、掛龍雨、雷雨、暑雨、新雨、

膏雨、靈雨、甘霖、即時雨、透雨

上述詞彙是和雨相關的常用詞。雨天時，家長們可以透過遊戲，帶領孩子們認識和雨相關的各式詞彙。以下方的遊戲為例，由其中一人先出題，其他人搶答得分，答題者必須根據出題者的描述，說出對應的答案。

＋問答遊戲

1. 猜猜這是哪種雨

—突然下得很大，但很快就停的雨是？（A：陣雨、驟雨、甚雨）

—像煙霧一樣細到看不出雨滴的雨是？（A：煙雨）

—像毛髮一樣密而細的小雨？（A：毛毛雨）

—天氣晴朗出太陽時短暫降下的雨是？（A：太陽雨）

—在人們最需要的時候降下的雨是？（A：甘霖、即時雨、膏雨）
—形容如倒水般猛烈降下的雨是？（A：傾盆大雨、瓢潑大雨）
—伴隨著旋風的暴雨是？（A：掛龍雨）
—久下成災的雨是？（A：苦雨）
—連日不斷地下雨，使客人無法離去的雨是？（A：留客雨）
—在梅子成熟的時節降下的雨是？（A：梅雨）
—隨雲而至的陣雨是？（A：過雲雨）
—形容降雨充足的雨是？（A：透雨）
—盛夏時節所下的雨是？（A：暑雨）

2. 降雨情形比較

—絲雨和豪雨，哪個雨勢更大？（A：豪雨）
—留客雨和驟雨，哪個降雨時間更長？（A：留客雨）
—陣雨和霪雨，哪個降雨時間更長？（A：霪雨）

——滂沱大雨和掛龍雨，哪個伴隨著強風？（A：掛龍雨）
——新雨和西北雨，哪個是春天降下的雨？（A：新雨）
——苦雨和即時雨，人們更期待哪種雨？（A：即時雨）

15

打造全家人的專屬題庫

透過提問，建立孩子的價值觀

1. 為了集體利益違反道德是對的嗎？
2. 像廖添丁這樣奪取富者錢財幫助窮者的人，算是好人嗎？
3. 為了自己國家的利益而傷害其他國家是對的嗎？
4. 將非法獲得的錢財捐出來做慈善能抵銷罪狀嗎？
5. 如果健康的人和生病的人同時遇到危險，應該先救誰呢？

透過提問，提升孩子的問題解決能力

1. 當爸爸／媽媽面臨失業時，家中成員們能做些什麼呢？
2. 有什麼方法能將教室內的溫度降低一度呢？
3. 如果你的好朋友有撒謊騙人的習慣，該如何幫助他改變呢？
4. 該如何避免因為噪音問題而和鄰居起衝突呢？
5. 有沒有對南北韓都有益的統一方式呢？

透過提問，激發孩子的想像

1. 蛋為什麼是圓的呢？
2. 種子為何是硬的呢？
3. 為什麼正正方方的房間比三角形的房間更讓人感到舒適自在呢？

4. 人孔蓋為何是圓型不是方形呢？
5. 鉛筆和原子筆為什麼是六邊形的呢？

透過提問，培養孩子的哲學思維

1. 童話故事中，為何時常出現以三兄弟為主角的故事呢？
2. 為何書中總是將弟弟／妹妹描寫成善良的一方，和哥哥／姐姐形成對比呢？
3. 百濟武王十分聰穎，但兒子義慈王卻讓國家走向滅亡。為什麼會這樣呢？
4. 韓國媽媽們的母愛聞名世界，其原因為何？
5. 你覺得「救急不救窮」真的對嗎？

透過提問，引導孩子邁向成功

1. 你長大以後想要做什麼？你在做什麼事情的時候最幸福？
2. 你有什麼長處呢？說說看你曾利用這個優勢達成了什麼樣的成就。
3. 你有什麼弱點呢？說說看你最近六個月內曾犯下什麼樣的失誤。
4. 你若想要獲得成功，是否需要放棄什麼？
5. 你曾經從失敗中學到什麼？

透過提問，促使孩子成長

1. 你對什麼樣的事情更有熱忱？
2. 你會被什麼樣的人吸引？
3. 你最常使用哪些網站？
4. 對你而言最重要的三個人是誰？
5. 你必須改掉跟必須維持的習慣有哪些？

6. 你的習慣之中，最能代表你的五個習慣是什麼？
7. 你覺得哪些人的存在促使你成為了更好的自己？
8. 你的榜樣是誰？為什麼呢？
9. 如果要以顏色來形容自己，你覺得你是什麼顏色？
10. 從出生到現在，你最想忘記的事情是什麼？
11. 如果有隱形斗篷，你想穿著它去哪裡？
12. 如果能坐上時光機，你想穿越到什麼時候？

附錄

提問遊戲用書推薦

幼兒

《讓路給小鴨子》

羅勃・麥羅斯基——國語日報

《薔薇村故事（一到四冊）》

吉兒・巴克蓮——小樹文化

《月亮出來了》

林明子——臺灣麥克

《先左腳，再右腳》

湯米・狄波拉——維京

《艾美莉亞的花園》

莉莉安娜・史塔福——臺灣麥克

《世界上最棒的蛇》

湯米・溫格爾 — 小天下

《I Wish I Was Sick, Too!》

Aliki Brandenberg、Franz Brandenberg — New York Review of Books

《Rain Rain Rivers》

尤里・舒利瓦茨 — Perfection Learning

《這是誰的腳踏車》

高畠純 — 青林

《到底在排什麼呢？》

大村知子 — 小魯文化

《我是湯匙》

艾米・克蘿思・羅森朵 — 維京

《Seasons》

約翰・伯寧罕 — Red Fox

《先邁出哪隻腳？（どのあしがさき？）》

Hosono Ayako — 鈴木出版

《黃氣球》

夏洛特・迪馬頓斯 — 閣林文創

《從前有一隻老鼠……》

瑪西亞・布朗 — 新星出版

《11隻貓》

馬場登 — 道聲出版社

《去市場的牛》

約翰尼斯・威廉・延森 — Wings of the ISANG

《殼斗村的帽子店》

中屋美和 — 維京

《Who Sank the Boat?》

Pamela Allen — Puffin Books

《傳家寶被》

派翠西亞・波拉蔻 — 遠流

《Would You Rather?》

約翰・伯寧罕 — Red Fox

《莉莉愛問為什麼？》

林西・坎普 — 親子天下

《洗不停的媽媽》

佐藤和貴子 — 維京

《孩子、噪音和大耳朵（Kinder, Krach und große Ohren）》

Elisabeth Stiemert — Gerstenberg (gebrüder)

《小恩的祕密花園》

大衛司摩、莎拉・史都華 — 格林文化

《手套》
艾烏格尼・M歐・拉裘夫 — 遠流
《Mr. Dunfilling and the Toothy Monster》
Rob Lewis — Hodder & Stoughton Childrens Division
《Which horse is William?》
卡拉・庫絲金 — Greenwillow
《三隻小豬》
Paul Galdone — Clarion Books
《問得真好!(물어보길 참 잘했다!)》
Lee ChanGyu(이찬규) — Applebee Publishing
《小莉的中秋節》
李億培 — 上誼文化
《靴子變小了(장화가 줄었어요)》

Cha JeongIn（차정인）— Woongjin Junior

《淘氣熊成長繪本（꾸러기 곰돌이）》

南美英 — YeaRimDang Publishing

《到底發生了什麼？（도대체 그 동안 무슨 일이 일어났을까？）》

李鎬伯 — Jaimimage

《不要哭，好好說（울지 말고 말하렴）》

Lee ChanGyu（이찬규）— Applebee Publishing

《燕子的報恩（은혜 갚은 까치）》

Kim NamIl（김남일）— Kookminbooks

低年級

《永遠愛你》

羅伯特・曼斯基 — 和英

《狐狸的電話亭》

戶田和代 — 和融出版社

《永遠的朋友》

威廉・史塔克 — 巨河

《我的女王老師（Sa Majesté la maîtresse）》

蘇西・摩根斯坦 — EDL

《魔法粉筆（La Craie magique）》

Genevieve Brisac — EDL

《小喵和紅色的大公車》

珍・古德溫 — 阿布拉

《蘇菲的無厘頭時尚（Cucul la praline）》

蘇西・摩根斯坦 — L'Ecole des Loisirs

《紙片人斯坦利》

傑夫・布朗 — 北京聯合出版

《喀哩，喀啦，哞！會打字的牛》

朵琳・克羅寧 — 格林文化

《風到哪裡去了》

夏洛特・佐羅托 — 遠流

《Dogs’ Night》

Meredith Hooper — Frances Lincoln Childrens Books

《公主也要去上學（Même les princesses doivent aller à l'école）》

蘇西・摩根斯坦 — EVERGREEN

《我的衣服最好看（El vestit de color mostassa）》

雪維亞・普拉絲 — CRUÏLLA

《開心玩耍課（Le Professeur de distractions）》

Lorris Murail — EDL

《勇敢小海盜（Le chien des mers）》
瑪麗奧德・穆海 — EVERGREEN
《The Old Woman Who Loved to Read》
John Winch — Holiday House
《大腳丫跳芭蕾》
艾美・楊 — 台灣東方
《小房子》
維吉尼亞・李・巴頓 — 信誼
《100 層樓的家》
岩井俊雄 — 小魯文化
《Rainstorm》
芭芭拉・雷曼 — Houghton Mifflin
《媽媽的紅沙發（A Chair for My Mother）》

薇拉・威廉斯 — 三之三文化

《桑吉與麵包師傅（Sanji and the Baker）》

Robin Tzannes — OXFORD

《狐狸先生與故事小偷》

芙蘭奇絲卡・畢爾曼 — 三采

《Walk with Me》

Jairo Buitrago — Groundwood Books

《神奇的魔法種子》

Yona Tepper — Random House Korea

《愛取名字的老太太》

辛西亞・勞倫特 — 上誼文化

《青蛙和蟾蜍》

艾諾・洛貝爾 — 上誼文化

《好朋友明天會不會來？》

內田麟太郎—尖端

《愛的教育》

艾德蒙多・德・亞米契斯—木馬文化

《美女與野獸》

馬克斯・艾倫伯格、安琪拉・芭蕾特—寂天

《沈清傳》

Kim SeonHui（김선희）—Woongjin Junior

《興夫傳》

Kim HaeDeung（김해등）—Woongjin Junior

《一粒小米（좁쌀 한 톨로 장가가기）》

Kim MiHye（김미혜）—Kookminbooks

《民間故事集（옛이야기 보따리）》

徐正五 — Bori Publishing

《哆基朴的天空》

權正生 — 齊威國際

《我的鄰桌同學（내 짝꿍 최영대）》

蔡仁善 — Jaimimage

《壞孩子貼紙》

黃善美 — Woongjin Junior

《請幫我換座位！（짝꿍 바꿔 주세요！）》

盧慶實 — Sizzle Books

《老師，我有問題！（선생님，질문 있어요！）》

Kim YeongHwan（김영환） — Daseossure

高年級

《愛心樹》

謝爾．希爾弗斯坦 — 水滴文化

《小王子》

安托萬．德．聖-修伯里 — 布克文化及其他

《絨毛兔（The Velveteen Rabbit）》

瑪潔莉．威廉斯 — 南方家園

《烏鴉太郎》

八島太郎 — 遠流

《Georgia Music》

Helen V. Griffith — Greenwillow Books

《好事成雙》

巴貝柯爾—格林文化
《花婆婆》
芭芭拉．庫尼—三之三
《夏綠蒂的網》
埃爾文．布魯克斯．懷特—聯經出版
《最後一課》
阿爾封斯．都德—元麓書社及其他
《紅髮安妮／清秀佳人》
露西．莫德．蒙哥馬利—漫遊者文化及其他
《環遊世界八十天》
儒勒．凡爾納—三采及其他
《Our Friend Jennings》
Anthony Buckeridge — Macmillan Children's Books

《長腿叔叔》
珍·韋伯斯特 — 木馬文化及其他
《出賣笑容的孩子》
詹姆斯·克呂斯 — 明天出版
《為什麼會有戰爭？（Pourquoi les guerres ?）》
Gilles Perrault — Points
《植物也有祕密（Le monde des plantes）》
Jean-Marie Pelt — Points
《巧克力冒險工廠》
羅德·達爾 — 小天下
《湯姆歷險記》
馬克·吐溫 — 晨星及其他
《悲慘世界》

維克多．雨果——野人及其他
《湯姆叔叔的小屋》
哈里特．比徹．斯托——風雲時代及其他
《小偵探愛彌兒》
耶里希．凱斯特納——小麥田
《這就是貝貝》
彼得．赫爾德林——宇宙光
《大偵探卡萊》
阿思緹．林格倫——親子天下
《聖誕禮物》
歐．亨利——時報出版
《蝴蝶》
赫曼．赫塞——格林文化

《故鄉》

魯迅 — 中國青年及其他

《兎子和鱉（토끼전）》

Jang JuSik（장주식） — Hanibook Kid

《英雄烏斗里（아기장수 우뚜리）》

Song Eon（송언） — Hanibook Kid

《五歲的心願》

丁埰琫 — 印刻

《少年兵與野菊（소년병과 들국화）》

南美英 — 世上所有書

《小麻雀吉谷（아기참새 찌꾸）》

郭在九 — Kookminbooks

《橡木浴缸（떡갈나무 목욕탕）》

Seon AnNa（선안나）— Bluebird Publisher

《夢實姐姐》

權正生 — Changbi Publishers

《陣雨》

黃順元 — Darim Books

《我們扭曲的英雄》

李文烈 — 大塊文化

《想飛的母雞》

黃善美 — 聯經出版

《自行車小偷（자전거 도둑）》

朴婉緒 — 江蘇少年兒童出版社

國家圖書館出版品預行編目(CIP)資料

培養愛提問的孩子 : 從家長開始的閱讀課 / 南美英著 ; 施沛譯. -- 初版. -- 臺北市 : 大塊文化出版股份有限公司, 2025.03

面 ; 公分

譯自 : 질문하는 아이로 키우는 엄마표 독서수업

ISBN 978-626-7594-63-6(平裝)

1.CST: 親職教育 2.CST: 兒童教育 3.CST: 思考

528.2 114001182

LOCUS

LOCUS

LOCUS

LOCUS